ASSISTÊNCIA SOCIAL
E PSICOLOGIA

Blucher

ASSISTÊNCIA SOCIAL E PSICOLOGIA

(Des)encontros possíveis

Organizador

Luís Fernando de Oliveira Saraiva

Assistência social e psicologia: (des)encontros possíveis
© 2017 Luís Fernando de Oliveira Saraiva (organizador)
Editora Edgard Blücher Ltda.

Imagem da capa: iStockphoto

Blucher

Rua Pedroso Alvarenga, 1245, 4º andar
04531-934 – São Paulo – SP – Brasil
Tel.: 55 11 3078-5366
contato@blucher.com.br
www.blucher.com.br

Segundo Novo Acordo Ortográfico, conforme 5. ed.
do *Vocabulário Ortográfico da Língua Portuguesa*,
Academia Brasileira de Letras, março de 2009.

É proibida a reprodução total ou parcial por quaisquer
meios sem autorização escrita da editora.

Todos os direitos reservados pela Editora
Edgard Blücher Ltda.

DADOS INTERNACIONAIS DE
CATALOGAÇÃO NA PUBLICAÇÃO (CIP)
ANGÉLICA ILACQUA CRB-8/7057

Assistência social e psicologia : (des)encontros
possíveis / organização de Luís Fernando de Oliveira
Saraiva. – São Paulo : Blucher, 2017.

200 p.

Bibliografia
ISBN 978-85-212-1166-2

1. Assistência social 2. Psicologia I. Saraiva,
Luís Fernando de Oliveira.

17-0063	CDD 361

Índice para catálogo sistemático:
1. Assistência social: Psicologia

Conteúdo

Apresentação   7

1. De (algumas) linhas de composição dos dispositivos de
assistência social no Brasil com a psicologia:
disputa pelo público   15
Iacã Machado Macerata

2. "Essa gente": a produção de famílias perigosas na
assistência social   39
Luís Fernando de Oliveira Saraiva

3. De como o que é sólido se desmanchou no ar: do ressurgir
ao ruir do território nas práticas socioassistenciais   59
Márcio Dionizio Inácio

4. "Batalha de mulheres": aspectos do mundo do trabalho
no cotidiano de um Cras   85
Beatriz Ferraz Diniz

5. O Cras e o atendimento a queixas escolares: descumprimento
da condicionalidade da educação?   113
Luís Fernando de Oliveira Saraiva

6 CONTEÚDO

6. Psicologia no Creas: por práticas que promovam
novos encontros e direitos   127
Jean Fernando dos Santos

7. Do acolhimento institucional à Terra do Nunca   149
Dailza Pineda

8. Abrigo e cidadania: em busca da potência da precariedade   167
Mariana Peres Stucchi

Apresentação

Assistência social: um campo possível para a psicologia?

Nilza veio ao Centro de Referência de Assistência Social (Cras) pela segunda vez na mesma semana. Na primeira, atualizou seu cadastro, de forma a continuar recebendo o benefício do Programa Bolsa Família regularmente. Na segunda, veio solicitar cesta básica. Esquecera-se de fazer tal solicitação na primeira vez em que esteve no Cras. Os bicos que faz têm sido insuficientes para o pagamento das contas da casa e para a compra de alimentos. O benefício que recebia, R$ 90,00, pouco complementava a renda, que quase não tinha.

Esta é uma das maiores demandas no Cras. Solicitação de cestas básicas: trabalho de psicólogo?

* * *

Mensalmente, cerca de noventa pessoas participavam de um atendimento em grupo, a chamada *reunião informativa sobre o Bolsa Família* (cujo nome técnico era Reunião Informativa-Interventiva sobre Programas de Transferência de Renda). Eram realizadas seis reuniões por mês, alternativa criada para o atendimento da maior demanda do Cras. Nessas reuniões, o Cras era apresentado, ressaltando-se seu caráter de política pública, integrante da Política Nacional de Assistência Social. Discutiam-se temas como cidadania, direitos e deveres, configurações e demandas familiares. Falava-se sobre o Bolsa Família, seus objetivos, funcionamento e critérios.

Falar sobre o Bolsa Família: trabalho de psicólogo?

* * *

Mulheres beneficiárias do Programa Renda Cidadã, programa de transferência de renda do governo do Estado de São Paulo, têm de cumprir, entre outras, a condicionalidade de participar de um grupo socioeducativo, cuja reunião ocorre uma vez por mês, com duração de cerca de 1h30. Em um desses grupos, aprendemos a fazer bordado. Já havíamos feito fuxico, pintura em pano de prato e crochê.

Bordar: trabalho de psicólogo?

* * *

No aniversário de 18 anos do ECA, a equipe do Cras foi para uma praça da cidade fazer flores de papel com quem por ali passasse. Jogaram bola, fizeram dobraduras, conversaram. Com crianças, adolescentes, adultos.

Fazer flores de papel: trabalho de psicólogo?

* * *

Enquanto voltava da casa de uma pessoa, a quem acabara de visitar, fui abordado por Sônia em uma das vielas na favela em que ela morava. Fez questão que eu conhecesse sua casa, pedindo, reiteradamente, que não reparasse na bagunça. Sua casa tinha um cômodo (sala, quarto e cozinha, sem divisão) e um pequeno banheiro de paredes pela metade (o restante foi coberto com pedaços de madeira). Fora feita em cima da casa que um dia foi de seu filho, que a vendeu para comprar uma casa maior, em uma viela próxima. Para chegarmos a sua casa, tive de subir uma escada de madeira. O teto era baixo, o que tornava a casa extremamente abafada. Não havia chuveiro no banheiro, o que não impedia que ela e seu filho tomassem banhos quentes. Com uma espécie de resistência de metal, ligada à tomada, Sônia esquentava a água em um balde. Havia poucos móveis na casa, todos muito velhos, com ares de usados. Roupas, calçados e objetos eram guardados pelo chão. E Sônia falava com orgulho de sua casa e da luta que travou para deixar de pagar aluguel. E sonhava poder terminá-la.

Visitar casas pobres: trabalho de psicólogo?

* * *

Elaine e Cátia foram ao Cras procurar ajuda para seu pai, Antônio, um senhor de 85 anos. Morando sozinho, não tomava banho havia semanas. Estava com escabiose. Costumava sair pelas ruas, recolhendo sacos de lixo e os levando para casa. Um mês antes de procurar o Cras, haviam feito uma limpeza na casa do pai, recolhendo uma caçamba de lixo. Ele se recusava a comer comida fresca, preferindo aquilo que encontrava no lixo ou deixando a comida azedar para depois comê-la. Para agravar a situação, oferecia o dinheiro de suas duas aposentadorias em troca de favores sexuais de adolescentes.

Antônio se recusava a aceitar qualquer cuidado das filhas, dizendo que estava tudo bem e que o que elas relatavam era mentira. Violação de direitos. Antônio era vítima e vitimizador. Sem diagnosticá-lo, o Cras e o Centro de Referência Especializado de Assistência Social (Creas), em ações articuladas com a família, procuraram formas de cuidar dele, de modo a interromper a continuidade dessa situação.

Não diagnosticar: trabalho de psicólogo?

* * *

Roseli foi chamada ao Cras por causa das faltas da filha na escola. Beneficiária do Programa Bolsa Família, ela teve o recebimento do benefício bloqueado, por estar descumprindo a condicionalidade da educação. Em um atendimento em grupo, criado para pensarmos sobre o que vinha causando as faltas de crianças e adolescentes à escola, Roseli ficou em silêncio a maior parte do tempo. Ao final do atendimento, me chamou de lado. Queria falar em particular. "Como faço para aumentar o meu Bolsa Família?".

Aumentar o Bolsa Família de alguém: trabalho de psicólogo?

* * *

Mãe de quatro filhos, sendo que dois deles foram diagnosticados com deficiência mental, Jussara recolhia material reciclável pelas ruas da cidade, para aumentar a renda da casa. Marcos, de 10 anos, a acompanhava nessa tarefa, muitas vezes ajudando na coleta dos materiais. Situação de trabalho infantil. Violação de direitos. Não no entendimento de Jussara, que preferia levar o filho consigo a deixá-lo trancado dentro de casa, onde poderia ocasionar algum acidente. Nas ruas, estaria protegido, cuidado por ela. Momento de educá-lo também.

Opções de Jussara: concordar com a inclusão de Marcos em atividades socioeducativas no contraturno escolar ou ser denunciada no conselho tutelar.

Crianças em situação de trabalho infantil: trabalho de psicólogo?

* * *

Levantamento do uso do benefício que mulheres recebiam, por fazerem parte de programa de transferência de renda:

- compra de material e uniforme escolar; remédios; pagamento de transporte para ida ao Hospital das Clínicas; pagamento de parte do aluguel (gastos que evidenciam a precariedade de outras políticas públicas);

- alimentação (suposto uso "adequado" do benefício);

- absorvente íntimo (o público invadindo o privado).

Gerenciar o destino de benefícios: trabalho de psicólogo?

* * *

Entre as razões apontadas por mães para o "descumprimento" da condicionalidade da educação do Programa Bolsa Família (frequência escolar de, no mínimo, 85%), destacam-se: problemas no funcionamento escolar, como a ausência de vagas, materiais e transporte escolar, bem como situações de violência institucional. Mesmo assim, prevalece a ideia de que famílias pobres não valorizam a escolarização de seus filhos. E que precisam ser "incentivadas" a levar seus filhos para a escola, recebendo dinheiro para isso.

Fazer famílias cumprirem condicionalidades do Bolsa Família: trabalho de psicólogo?

* * *

"Trabalho de psicólogo?": uma falsa pergunta. Mas com a qual costumamos nos deparar no cotidiano dos serviços socioassistenciais brasileiros. Situações distintas e uma pergunta frequente: seria a assistência social um trabalho de psicólogo?

Mas parece ser pouco produtivo pensarmos se isso ou aquilo é trabalho ou papel de psicólogo. Esse é um falso problema, que carrega a ilusão de que o possível existe antes do existente, isto é, que afirma que o trabalho de psicólogos estaria definido *a priori*, antes mesmo de esse trabalho se dar de modo concreto. Pergunta que terá a resposta que merece, daquelas que se costumam ouvir quando se procura justificar a presença de psicólogos na atual política de assistência social: cabe ao psicólogo trabalhar com os aspectos psicológicos, com o inconsciente, com a subjetividade... Explicações vazias, abstratas. O mesmo cabe para a busca de diferenciações do tipo: o trabalho na assistência social é de psicologia clínica ou de psicologia social?

O que está em jogo nesse campo parece ser não a discussão de papéis de psicólogos ou de assistentes sociais, mas justamente aquilo que o encontro entre esses profissionais, nessa política pública, marcada por certos paradigmas, põe em funcionamento. Efeitos de práticas, produções de subjetividades. É disso que falamos. Ou seria nosso desafio falar.

Cabe-nos lembrar que, como ciência, e como uma ciência que muito se utiliza da lógica médica, a psicologia tem uma tendência para fazer coincidir seu espaço com todo o espaço social, procurando atravessá-lo e ocupá-lo de forma plena. Todas as relações dos homens passam a ser tomadas por objeto próprio à psicologia. Seguindo este raciocínio, nos competiria tratar de praticamente todos os assuntos: se eles partem de um corpo subjetivo, psicológico, serão também olhados como algo psicológico (e abstrato, genérico). Nesse processo de psicologização da vida, da mesma forma como em processos de medicalização da vida, questões coletivas são transformadas em questões individuais e questões sociais são transformadas em questões biológicas.

Novas perguntas: quando ocupamos a assistência social, a ocupamos de que forma? O que produzimos?

* * *

Tendo recentemente completado dez anos, o Sistema Único de Assistência Social (Suas) continua a trazer inquietações de diferentes ordens. Buscando romper com concepções e práticas que historicamente marcaram a assistência social como uma atividade de filantropia, caridade e benesse, o Suas tem como objetivo tornar a assistência social um direito – um direito de todos nós

12 APRESENTAÇÃO

e, sobretudo, de uma parcela significativa da população brasileira, que vivencia desde sempre a miséria e a pobreza cotidianas. Mas que direito seria esse?

Direito à proteção social, ao menos é o que nos dizem os marcos normativos. Proteção social entendida como o direito à sobrevivência, provisão de necessidades, convivência familiar e comunitária. Mas o que significam esses direitos no cotidiano dos serviços socioassistenciais? Como vêm sendo entendidos? Que práticas vêm sendo subsidiadas por esses entendimentos? Indo além, o que significam esses direitos na vida das pessoas atendidas pelos diferentes serviços socioassistenciais que compõem o Suas?

Ao propormos essa pergunta a psicólogos – que já somam (não se sabe ao certo) mais de 20 mil profissionais em diferentes serviços socioassistenciais de todo o país –, possivelmente nos depararemos com outra questão: qual o papel da psicologia na assistência social? Aliás, seria a assistência social um "trabalho de psicólogo"?

Este livro pretende reunir experiências diversas de psicólogos na assistência social, trazendo importantes reflexões para as questões anteriores. Estabelecendo um diálogo entre pesquisas e o exercício profissional, os textos aqui reunidos colocam em análise sobretudo práticas que vêm sendo desenvolvidas em diferentes contextos da política pública. Com essa proposta, esta coletânea responde a uma importante lacuna na produção de conhecimento na área: a análise de práticas profissionais, de forma a rastrear diferentes modos de entender e fazer a política pública e seus efeitos subjetivadores. Análises que pretendem responder a costumeira pergunta: seria a assistência social um campo possível para a psicologia?

* * *

Assistência social: um campo possível para a psicologia? Completamente possível. Com muitos "possíveis".

É possível diagnosticar ainda (e descobrir supostos determinantes psicológicos para a manutenção da pobreza, da vulnerabilidade e dos riscos sociais intergeracionais); é possível produzir corpos faltosos, naturalizados, silenciados e coisificados; é possível normatizar possibilidades de existência; são possíveis práticas de controle, de fundamentos eugenistas, higienistas, assistencialistas e clientelistas; enfim, são possíveis estratégias de controle, que buscam a manutenção e a ampliação da utilidade, da produtividade e da docilidade, não apenas de corpos, mas também da população, do corpo-espécie, como tanto têm nos ensinado os estudos foucaultianos.

E é possível lutar. Penso em nosso trabalho como uma luta. Luta na qual precisaremos ter clareza de quem são nossos inimigos, lembrando que esses inimigos são práticas e concepções assujeitadoras, que tendem à dominação, que produzem sujeitos-coisa, que privatizam e naturalizam sofrimentos, que silenciam direitos. Devemos ter clareza, assim, de quais forças queremos agenciar nessa luta. Luta que trata de uma questão ética e política, não de uma questão meramente técnica ou teórica.

Luta na qual se torna necessária uma subversão de nosso olhar, de forma a produzirmos um olhar gerador de desindividualização, de dessubjetivação, de coletivização de questões, tornadas impessoais. Um olhar que possa se questionar sobre a produção de sujeitos sobrantes, que não servem sequer para exército de reserva e, assim, poderão ser exterminados ou deixados às mínguas com o desmantelamento das políticas públicas que temos assistido em nosso país, sobretudo desde 2016, e que vem colocando em risco a potência da assistência social brasileira. Um olhar que pergunte, então, o que está ocorrendo nesses modos de subjetivação, operando rupturas, transmutações de valores e de saberes, e que acione outras concepções (de homem, vida, mundo) e outras possibilidades de existência, operando, assim, novas realidades, marcadas pela promoção de direitos e de vidas que valham a pena de serem vividas. Possibilidades de pequenas derivas. Que derivemos.

Luís Fernando de Oliveira Saraiva
São Paulo, abril de 2017

1. De (algumas) linhas de composição dos dispositivos de assistência social no Brasil com a psicologia: disputa pelo público

Iacã Machado Macerata[1]

Introdução

Por mais de dez anos, venho atuando no campo das políticas sociais do Estado para a chamada população em situação de rua. Seja diretamente, como psicólogo de um serviço da política de assistência social, seja como gestor na saúde, seja como pesquisador, uma série de inquietações que vieram se transformando sempre me acompanharam. A cada momento, em cada localização diferente, elas ganharam diferentes expressões: quando atendemos os usuários na assistência, a serviço de que estamos trabalhando? O que fazemos funcionar com nossos conhecimentos técnicos, que práticas políticas, que ética estamos operando? Qual o problema colocado ao atendimento das chamadas populações em vulnerabilidade? Quem coloca esse problema? Que práticas (re)produzimos ao pretendermos cuidar de determinado grupo de pessoas por meio de serviços do Estado? Das práticas profissionais e das políticas sociais que conheci, sempre me inquietou especialmente a prática do psicólogo e o campo da política de assistência social no Brasil.

---

1 Psicólogo, mestre e doutor em Psicologia pela Universidade Federal Fluminense (UFF), trabalhador de políticas de saúde e assistência social para a rua, professor de Práticas Institucionais e Políticas Públicas na Faculdade de Psicologia do Polo Universitário Rio das Ostras da UFF (imacerata@id.uff.br).

Durante dois anos, trabalhei e pesquisei um serviço de abordagem de rua da Prefeitura Municipal de Porto Alegre destinado ao atendimento de jovens em situação de rua. Tal serviço tinha como objetivo a "proteção", a "garantia de direitos", a "construção de um projeto de vida" para os jovens e suas famílias, que visava a atender. Parte da política de assistência social e da rede de proteção à infância e à juventude, o serviço colocava-se como diretriz o não recolhimento desses jovens da rua, visando a trabalhar seu retorno para casa ou para um espaço alternativo, pela via do "convencimento", pela "produção de alternativas" ao viver na rua.

No cotidiano desse trabalho, uma contradição parecia se impor entre os objetivos de proteção e a maneira de colocá-los em funcionamento, criando um vácuo entre a ação preconizada no serviço e a realidade vivida na rua. Parecia que a assistência social não tinha condições de fazer valer suas premissas manifestas perante aquela realidade: fazer valer e efetivar direitos. Parecia que, para efetivar a totalidade e a integralidade dos direitos conquistados em leis, era necessário interferir em um âmbito muito maior do que o alcance da assistência social: a sociedade e seu funcionamento. A prática do psicólogo, como era predominantemente ensinada na graduação, tampouco parecia contribuir: toda uma formação voltada para análises e intervenções restritas a dinâmicas pessoais e familiares que pareciam menos causa e mais efeito dos diversos problemas enfrentados por aqueles jovens e suas famílias. Como intervir em problemas "sociais" muito profundos, se nosso campo de ação era a relação direta com essas pessoas, e uma parca capacidade de acionar redes de políticas públicas? O que seria construir um projeto de vida para aquelas pessoas? "Projeto de vida" de quem e para quem, efetivamente? Não estaríamos, ao atuar somente com essas pessoas, de alguma forma, colocando o problema unicamente sobre os indivíduos que vivem esses problemas de miséria extrema? Não estaríamos atuando unicamente no produto (a miséria) de um processo de produção (a dinâmica social do mundo moderno), e nunca nesse processo?

Perante situações de extrema miséria, de desagregação social, por vezes, as práticas da psicologia na assistência social e da própria assistência pareciam ter a tarefa de salvar, de levar sociedade onde não haveria: como uma prática civilizatória. Mas essa parece ser uma falsa maneira de entender o problema. Problema que diz respeito à miséria e sua produção na sociedade moderna.

Ao longo do percurso de pesquisa e atuação, fomos entendendo que, quando a sociedade investe sobre as populações marginais, há um encontro dessa sociedade consigo mesma, na medida em que essas populações são produzidas na própria dinâmica social. Entretanto, a maneira como se opera a assistência parece insinuar o contrário. O trabalho com a noção de inclusão social parece dizer que essas pessoas não estariam fazendo parte da sociedade. Mas é evidente que elas não só fazem parte como têm um lugar fundamental ao nosso funcionamento social. Contudo, ainda podemos entender o sentido da inclusão, se observarmos certos riscos no uso dessa noção. De todo modo, podemos dizer que a política de assistência social atualmente é o campo por excelência do trabalho sobre aqueles que estariam excluídos, ou que certamente têm um lugar certo na sociedade: a margem.

Aqui, tratamos de localizar a assistência social como componente das políticas sociais da sociedade moderna. Por meio desse primeiro pressuposto, vamos tentar entender a política de assistência social como uma expressão das políticas sociais que advêm de um campo de teorias e práticas que se desenvolve na modernidade: o campo do social. É por um viés focaultiano, e de autores como Donzelot (1980) e Castel (1998), que vamos entender o campo do social como um campo de intervenção da sociedade sobre sua parcela pobre ou miserável. Estas perspectivas e pensamentos mostraram que, ao entender o surgimento e a função desse campo em nossa sociedade, bem como sua linha de continuidade, que o faz compor uma política de assistência social, a simplicidade do trabalho com os "excluídos" se desmonta rapidamente. A assistência social toca como em uma ferida narcísica que imediatamente coloca em questão a própria dinâmica social: a incessante e fundamental produção de miséria e morte própria de nosso modo de dispor o nosso viver em sociedade.

A partir do trabalho de Rosane Neves da Silva (2005), entre outros autores, vamos questionar a relação da psicologia com esse campo do social. A psicologia, como um saber com viés terapêutico, inclui mais um ingrediente a essa solução: hegemonicamente, ela reifica o problema da produção de vulnerabilidade social como problemas privados, individuais ou familiares. Se não discursivamente, ao menos na maneira de apresentar e lidar com o problema: por seus

18 DE (ALGUMAS) LINHAS DE COMPOSIÇÃO DOS DISPOSITIVOS DE ASSISTÊNCIA SOCIAL...

relatórios, análises e modos de intervir. Mas isso também não é um acaso. Diz respeito à própria maneira como a psicologia constituiu e foi constituída na modernidade. Há uma relação intrínseca e certamente problemática entre políticas sociais (como é a assistência social) e a psicologia, que diz respeito às linhas de formação institucionais dos dispositivos desses campos. Problema que envolve as práticas em políticas de Estado e as ciências humanas na modernidade, e que certamente desmonta a obviedade da função e o objetivo dessas práticas.

Porém, se pudemos e fomos obrigados a questionar nossas práticas, e se já não poderíamos assumir tão diretamente os objetivos e ditames manifestos nas práticas discursivas desse campo (psicologia na assistência), por outro lado, nos defrontávamos com mais elementos do que essa parte histórica (e atual) desse campo. Nossa inquietação não parou por aí. Pela realidade concreta das pessoas das quais deveríamos e queríamos cuidar, por nossa vivência em meio a essa realidade e pela permanência de nosso interesse, pudemos entender que mais elementos estão presentes aí. Por um lado, quisemos tratar de mostrar análises de sedimentos, vestígios nada sutis de uma história do campo do social na sua relação com a psicologia. Todo um pensamento crítico, que nasce na Europa e que reverbera fortemente no Brasil. Por outro lado, além desses, foi necessário que incluíssemos mais elementos na complexa trama da assistência social brasileira: a evidente situação crítica vivida por essas pessoas e uma intuição de que era importante insistir nessas práticas, também nos mostra que não somente da história das políticas sociais e da psicologia na sociedade moderna era feito nosso campo.

No nosso encontro com o campo, pudemos identificar outras linhas que o compõem, com sentidos totalmente diferentes do sentido hegemônico que identificamos. Sobretudo, outras linhas que compõem a assistência social brasileira, como afirmação de uma política pública, bem como modulações na própria psicologia no Brasil. E essas linhas que divergem são marcas de um período recente na história do Brasil: as décadas de 1970 e de 1980 – décadas de luta contra o autoritarismo de Estado, e busca de uma mudança de sentido da atuação do Estado brasileiro e da psicologia. Nosso objetivo é destacar duas linhas de composição dos dispositivos e das práticas psi no seu encontro com a política de assistência social no Brasil. Uma análise crítica para nos situarmos e também podermos afirmar uma certa atuação possível nas políticas de assistência social, tornando-a inseparável de uma atribuição política, ou seja, de ação de pequenas transformações em nossos modos de viver juntos.

Política social e psicologia na sociedade moderna

A assistência social é parte das políticas sociais que abrangem também políticas de saúde, de educação etc. A política social é uma invenção muito recente em nossas sociedades. Ela nasce junto com a deflagração da sociedade moderna e vem a ser, na prática, um conjunto de políticas que intervêm, especialmente, sobre grupos populacionais considerados pobres ou miseráveis, aqueles que passaram a ser considerados em situação de vulnerabilidade social. Como veremos, a política social, como ações de governo, geralmente ordenadas e, muitas vezes, executadas pelo Estado, direta ou indiretamente, são inseparáveis de outros adventos que justamente determinam a modernidade: o Estado democrático de direito, o capitalismo, as ciências humanas.

No mundo medieval, a miséria era santificada, já que suscitava a caridade cristã e oferecia ao cristão a possibilidade de salvação. Com a Reforma Protestante, a pobreza passa a ser considerada uma maldição divina (FRAYSE--PEREIRA, 1983). A tarefa da sociedade, a partir da Reforma, é suprimir a miséria, sendo que as cidades e os Estados deverão encarregar-se dos deveres da assistência, anteriormente feitas unicamente pela Igreja. Em uma nova sociedade em que a riqueza é dádiva divina, a miséria passa a ser um obstáculo à ordem e uma falta contra o Estado. Por isso, deve ser perseguida e reprimida. Em um momento pré-moderno, a prática de internamento figura como a medida para lidar com todos aqueles que infligiam a ordem social que, na realidade, em sua maioria, dizia respeito àqueles que de alguma maneira não trabalhavam. O internamento tinha a função única de limpeza da cidade: loucos, vagabundos, libertinos, alquimistas. Quando se criou o hospital geral, já no início do que podíamos chamar de era moderna (em meados do século XVIII) o que se pretendia era suprimir a mendicância, a ociosidade como fonte das desordens. A prática de internamento não tinha inicialmente sentido terapêutico, nem visava à cura. Era um problema de polícia, em que polícia dizia respeito a todo um modo de ordenar o viver em sociedade e que, no século XVIII, consistia em um conjunto de medidas que tornam o trabalho, ao mesmo tempo, possível e necessário para todos aqueles que não poderiam viver sem ele (FRAYSE-PEREIRA, 1983).

A partir da segunda metade do século XVIII, as grandes instituições asilares ampliarão sua função. O internamento não apenas terá o sentido de segregação física, mas se constituirá também como um laboratório, no qual os internos passarão a ser diferenciados e categorizados. Constituir-se-ão como objeto de produção de saberes e de intervenções por parte das ciências e da sociedade por meio do Estado: a loucura será objeto da psiquiatria, os corpos doentes e deformados, da medicina. Na prática, todos os pobres passarão a ser objeto do que vamos chamar doravante de campo do social.

O social, como falamos, é um termo que surge para denominar um campo de intervenção do Estado moderno sobre a camada pobre ou miserável do corpo social. Ele começa a ser desenhado no final do século XVIII e ganha contornos definidos no início do século XIX. Esse é o período em que ocorre o êxodo rural, no qual as populações vão se concentrar nos grandes centros urbanos, nos quais começa a surgir a própria noção de população: um recorte que categoriza os grupos de pessoas em características comuns, categorias que constituem um objeto de intervenção: população de famílias, de tuberculosos, de doentes etc. População vem a ser um conceito operador que constitui objetos de intervenção para além do corpo individual.

O surgimento da categoria de população diz respeito ao que Foucault (1984) chama biopolítica na história do problema da governamentalidade[2] – teorias e técnicas de gestão da sociedade que vão se modificando ao longo da história, como veremos a seguir. Por ora, é importante definir que o campo do social se constituirá como um campo de intervenção da sociedade, por meio dos equipamentos de Estado e das teorias e técnicas da ciência sobre aqueles que, de alguma forma, "sobram", excedem, aqueles que se

---

2   A partir de Foucault (1984) podemos entender, *grosso modo*, a governamentalidade como um modo de conceber, gerir e produzir a realidade. Podemos entendê-la como uma mentalidade que concebe, organiza e produz a realidade nas sociedades ocidentais. A governamentalidade não se restringe aos pensamentos e ações do governo de um Estado, nem mesmo a uma equipe de governo, seja de uma instituição pública ou privada. O termo governo é mais abrangente e diz respeito, simultaneamente, a uma macropolítica e a uma micropolítica.

constituem como um problema para o novo modo de organização social: a sociedade moderna.

A sociedade moderna se caracteriza por duas ordens estruturantes que, de uma certa forma, estariam em contradição: (i) uma ordem jurídico-política fundada na igual soberania de todos perante a sociedade, o Estado Democrático de Direito; (ii) uma ordem econômica que precisa da desigualdade para funcionar, o Capitalismo (SILVA, 2005). Igualdade e desigualdade vão funcionar de modo a estabelecer, como na frase célebre de George Orwell, "todos iguais, mas uns mais iguais que outros". De modo que haverá um hiato, um espaço de resto, um excedente na maquinaria moderna: todos têm os mesmos direitos, mas a ordem econômica nascente não somente não acabou com a pobreza, mas a intensificou, e precisa, para seu próprio bom funcionamento, de uma produção incessante de miséria e desfiliação social (CASTEL, 1998). Hiato ou ponto de contradição, ponto esquizofrênico que, se não enfrentado, coloca mais do que nunca em risco a nova ordem social: os reis já haviam perdido sua cabeça e a inconformidade do povo por meio dos fenômenos das massas representava um perigo real. O ponto de desencontro entre a ordem jurídico-política e a ordem econômica não cessará de gerar massas populacionais pobres e miseráveis, que residem nesse espaço de contradição. Contradição, como veremos, que, em vez de inviabilizar o funcionamento social, será, sobretudo, seu motor.

O campo do social vai se apropriar das práticas caridade[3] e profissionalizá-las em uma mutação para a filantropia,[4] por meio de um aparato jurídico e científico, pelo que podemos chamar de dispositivos de "integração social" e de práticas de formação de população. Formação que será destinada às franjas

---

3   Ajudas pontuais e dispersas, dons que mantinham a dependência dos pobres em relação a seus "benfeitores" (DONZELOT, 1980; LOBO, 2008). A caridade ainda era uma prática privada que só poderia atuar em uma "miséria extremada, com a visão de um sofrimento espetacular, a fim de receber em troca, através do consolo imediato que fornece, o engrandecimento do doador" (DONZELOT, 1980, p. 63). As práticas caridosas eram executadas dispersamente pela Igreja, por membros ilustres da sociedade e pelo Estado, por meio das grandes instituições asilares.

4   Transformação das práticas de caridade que se unem com saberes que abrangiam textos e tratados médicos e práticas de administração pública. A filantropia surge ocupando o espaço deixado pelas práticas caridosas, que já caducavam, constituindo a institucionalização, a profissionalização e a generalização dessas práticas. Ela se alia tanto aos saberes e práticas jurídicas quanto científicas, mantendo o mote da caridade (DONZELOT, 1980; LOBO, 2008).

mais "dessocializadas" da sociedade, a fim de amenizar conflitos e dissociá-los de qualquer atribuição diretamente política (CASTEL, 1998; DONZELOT, 1980).

Passagens, modulações, continuidades e descontinuidades marcam a história das intervenções sobre a pobreza: das práticas de caridade se vai à filantropia, que se intensifica, se profissionaliza, ganha estatuto científico. Nessa institucionalização, essas intervenções vão sendo apropriadas pelos Estados, fornecendo bases de formação de políticas sociais tal como conhecemos na modernidade. O caráter religioso, oriundo das passagens da caridade à filantropia fica na sombra, como um rio subterrâneo que corre silenciosamente, mas que, de uma forma ou de outra, continua a nutrir o solo. O que está na luz agora é a técnica, a racionalidade, o estatuto legal e científico das práticas em políticas sociais.

Neste movimento, como mostra muito bem Donzelot (1980), a família vai se transformando em objeto de intervenção, como célula de regulação e formação dos indivíduos na sociedade. A família pobre passa a ganhar a poupança (bolsas, auxílios) e a ser regulada pelos saberes médicos como estratégia de contenção e prevenção dos indesejáveis, sendo entendida como o espaço onde aqueles que são o entrave para a ordem político-econômica, são produzidos e onde podem ser contidos. De modo que se buscará regular e produzir as relações intrafamiliares em certos sentidos, por meio de intervenções de regulação moral, sustentadas em tratados sobre doenças, desvios, perversões. Sentidos que direcionam, sobretudo, um silenciamento, uma manutenção de um certo estado de coisas, e que se concretizam em um controle, uma normalização dos modos de ser e de estar dessas pessoas, consideradas degeneradas ou em potencial degeneração. Intervenções diretas na maneira de produzir os hábitos de higiene pessoais, coletivos, psíquicos; de regular e moldar as relações intrafamiliares, relações com o trabalho, com o lazer etc.

A política social, como constituída em meio a uma sociedade que se sustenta, ao mesmo tempo, em uma ordenação econômica capitalista e uma ordenação jurídico-política de Estado Democrático de Direito, tem como efeito a criação de um campo do social como modo de fazer a articulação entre duas ordens aparentemente contraditórias. O que temos então é a colocação do problema do pauperismo na própria localização em que ele se apresenta: os indivíduos e as populações miseráveis. O campo do social que visa lidar com os efeitos da produção de miséria não vai atuar em suas causas mais abrangentes.

Para Foucault (2008), a política social que surge não é uma contraposição à política econômica, mas está em sintonia com ela: o campo do social preenche o hiato, permitindo assim que a política econômica se desenvolva. Por meio da garantia de mínimos sociais,[5] a política social na sociedade moderna vai operar uma privatização da responsabilidade pelos riscos sociais. Nela, o Estado é utilizado como meio de divulgação de certo número de preceitos de comportamentos, transformando a questão do direito político em questão de moralidade econômica (DONZELOT, 1980): para se efetivar o direito é preciso seguir certas normas voltadas sobretudo à boa organização econômica. A saída para o problema do risco da cisão social que a miséria coloca não será somente a repressão direta – papel da polícia militarizada – nem o descaso total – papel que cumpre o cidadão de bem –, mas o ensino de virtudes, a formação da população. Aliando objetivos sanitários, educativos, métodos de vigilância econômica e moral por meio de uma vigilância e (re)educação contínua da família.

O campo do social só pode nascer em um contexto do que Foucault (1984, 2005, 2008) chama de uma governamentalidade biopolítica: modo de governo que articula, ao mesmo tempo, uma disciplinarização dos corpos individuais e um controle da vida biológica das populações. Nesse modo de gerir a vida individual e coletiva, o foco não é somente cada indivíduo, como no período dos grandes asilos, agora é também algo anterior ao indivíduo e, ao mesmo tempo, abrangente a todos: a vida e seus processos – nascimento, morte, relações familiares e amorosas, sexuais, laborais etc. É o início de uma objetivação do homem como espécie, como ser vivo, por meio de técnicas, leis e saberes que se ocuparão da vida impessoal, do homem como categoria que atravessa todos os seres humanos e suas condições. A noção de *população* começa a ser utilizada como forma de governar uma massa de pessoas e como forma de otimizar ao máximo as forças vivas da cidade. O governo incide por meio da regulação das relações entre as pessoas e as famílias, das relações do indivíduo consigo mesmo, com a sociedade, com o mundo. É importante destacar que o termo governo não se restringe aos governantes do Estado. Este é apenas um instrumento desse modo de governo que se espalha por todo tecido social, que é, ao mesmo tempo, produto e produtor das dinâmicas sociais.

---

5   Bolsas, auxílios, educação, atendimento médico, ou seja, elementos que são considerados condições mínimas para se viver na sociedade.

De modo que o que podemos chamar de biopoder que anima esse modo de governo bipopolítico tem um caráter categorizante, regulativo, preventivo e corretivo: regulação das relações entre as pessoas e as famílias, das relações do indivíduo para consigo mesmo, com a sociedade, com o mundo. Operatória de regulação se dá pela noção de *norma* (FOUCAULT, 2005): regra de modulação variável, diferente da lei, que seria uma regra invariante (FOUCAULT, 1990). A partir da norma, são operadas normalizações e intervenções de adequação a ela, nos diversos modos e facetas da vida: "um poder que qualifica, mede, avalia, hierarquiza, opera distribuições em torno da norma" (FOUCAULT, 1990, p. 135). A *norma* vai permitir, a um só tempo, o controle da ordem disciplinar do corpo e dos acontecimentos aleatórios da multiplicidade biológica, alcançando a multiplicidade das formas de vida por meio de categorizações das quais nada e nem ninguém escapa.

A biopolítica, como modo de governo, é concomitante e correlata à constituição de diversos saberes e discursos sobre a formação dos sujeitos: as Ciências Humanas e Sociais. Os saberes dos homens que tomam como objeto o próprio homem. Para nosso interesse neste texto, cabe pensar a psicologia especificamente.

A tese de Rosane Neves da Silva (2005) é de que a problematização do social, que dá origem ao *campo do social*, é condição de possibilidade para a consolidação da psicologia moderna. É a partir dessa problematização que indivíduo e sociedade serão divididos, separados, cindidos. Como duas dimensões da realidade separadas, individual e social ganharão teorias, técnicas e campos de intervenção diferentes e antagônicos. A subjetividade passa a ser uma instância privada, encarnada na ideia de indivíduo; e o social, a interação entre os indivíduos e os grupos na sociedade, torna-se uma estrutura homogênea, à qual todos estariam submetidos. Para que a psicologia emergisse como a ciência que se ocupa do indivíduo, foi preciso criar um domínio específico de saberes e práticas que produzissem uma objetivação do social, correlata a uma objetivação do indivíduo (SILVA, 2005). Sob esse paradigma, o que diz respeito ao subjetivo situa-se no âmbito individual, familiar, privado, e o que diz respeito ao coletivo é tomado como sinônimo das interações grupais e individuais, encarnado na ideia de "social".

A noção e o uso dos termos social e individual são compreendidos a partir de duas crenças mutuamente implicadas, próprias do modo de ver científico:

a primeira, consiste em crer na existência de uma realidade que é completamente independente de nosso modo de acesso a ela; a segunda, parte da crença de que há algum tipo de acesso privilegiado que nos conduziria, graças a uma busca constante de objetividade, à realidade, como ela verdadeiramente existiria (SILVA, 2005). Temos aí sempre a necessidade de um especialista que guie nosso acesso ao que efetivamente seria a subjetividade e o social, como objetos ou coisas separadas e autodeterminadas.

A introdução da ideia de uma subjetividade privatizada cumpre uma função fundamental para um biopoder nascente, "reforçando a dicotomia indivíduo/social e contribuindo para um processo de individualização do social, ou seja, para a homogênese dos modos de produção de sentido que atravessam a multiplicidade do campo social" (SILVA, 2005, p. 45). Temos, como efeito correlato, uma homogeneização do coletivo, tido como superestrutura social dada, à qual os indivíduos e as famílias se adaptam ou não. Temos também uma homogeneização da subjetividade, que passa a ter uma ordem e uma forma de expressão natural ou anormal.

O campo do social será o que lida, ao mesmo tempo, com aqueles que não se adaptaram à realidade social como ela é: seja porque não trabalham, ou trabalham precariamente, e não se inserem nos espaços "produtivos", seja porque não têm uma configuração subjetiva dita normal. É preciso então consertar, adaptar as vidas privadas e sociais, os indivíduos, as famílias e as populações às formas corretas e verdadeiras da vida pública e privada. Um pouco como um ato civilizatório, como se nessas regiões geográficas, sociais e subjetivas onde a miséria reside não houvesse chegado a civilização. Ou seja, a forma mais correta de se viver. Os campos de atuação sobre o indivíduo e sobre o social estarão, doravante, sempre relacionados de alguma forma com a problemática da adaptação/desadaptação (SILVA, 2005; DONZELOT, 1980; CASTEL, 1998).

E não podemos identificar, nas atuais práticas de assistência social, sentidos que se assemelham a uma espécie de ação civilizatória aos bárbaros? Um "quê" de salvação? À psicologia e à psiquiatria foram encaminhados os desadaptados. Aos saberes psi se pedia uma correção de rota. De modo que a psicologia, ao buscar uma mudança de comportamento, de atitudes, ao se ocupar dos desadaptados, ao auxiliar a psiquiatria na categorização das perversões, das deficiências mentais, buscando uma correção, se alia a um sistema de objetificação da miséria. Sistema que gesta as políticas sociais, que por sua vez reforça, técnica, política e cientificamente, a privatização pelos riscos sociais: "trata-se de uma individualização da política social, uma individualização pela política social em vez de ser essa coletivização e essa socialização por e na política social" (FOUCAULT, 2008, p. 197-198).

No cerne mesmo da constituição da psicologia como ciência, está a episteme moderna, que, nos mais diversos sentidos, opera por meio das cisões entitárias:[6] teoria/prática, indivíduo/sociedade, corpo/alma, subjetivo/biológico, centro/margem, eu/mundo. Ou seja, criam-se as categorias que, nessa visão de mundo, são como entidades separadas e já dadas. Neste sentido muito moderno, a existência "é". E apenas é ou não é. O ente, o ser, antecederia a relação e a realidade seria uma verdade que já está ali, com leis de funcionamento e sentidos intrínsecos. Neste sentido, o subjetivo, o político e a dinâmica social seriam partes da realidade que se dão de maneira separada ou, no máximo, em interação: já existem para entrar em relação e não se constituem na relação.

A psicologia, nesse contexto, como muito bem define Regina Benevides de Barros (informação verbal),[7] se sustentou em uma política de separação entre macro e micropolítica. O discurso sobre "o sujeito" veio acompanhado de um processo de "despolitização" dessas mesmas práticas: ou seja, uma política que não se considera política, que não considera que seus objetos e sua maneira de construí-los se fazem em meio a relações históricas de poder. No mesmo movimento em que o sujeito foi tomado como centro, operou-se uma dicotomização com o "social", que se acredita circundá-lo. Temos assim, segundo Benevides, duas realidades (interna/externa) em constante articulação, mas sempre duas realidades dadas a serem olhadas com seus específicos instrumentos de análise. Como consequência, temos o paradigma de que ciência e política são duas esferas separadas e de que as práticas psi, ao se encarregarem do "sujeito", não devem tratar de questões políticas. O desejo seria como

---

6   Entitário se refere a ente. Cisão entitária é um modo de perceber e organizar a realidade por meio da criação de entidades, como se as formações da realidade (indivíduos, grupos, funcionamento social) fossem realidades já dadas e autodeterminadas, ou seja, preexistentes e causas da relação. Com esse termo, queremos marcar que, se temos entes, seres, formas, elas não são primeiras, mas sim sempre efeitos de relações.

7   Informação fornecida por Regina Benevides de Barros na exposição "Psicologia e saúde nas políticas públicas: estratégias e esferas de ação" durante o V Fórum Social Mundial, ocorrido em Porto Alegre, em 2005.

da ordem do individual, ou como questão do sujeito e a política, como da ordem do social, ou como questão da sociedade. As práticas psi passam a se ocupar de sujeitos abstratos, abstraídos/alienados de seu contexto, e tomam suas expressões existenciais como produtos/dados a serem reconhecidos em universais apriorísticos. A clínica se separou da política, e a psicologia se colocou à margem de um debate sobre as dinâmicas sociais. A tradição da psicologia cuja história, datada do final do século XIX, atrela-se ora a uma perspectiva objetivo-positivista, ora a uma perspectiva interno-subjetivista.

A consequência da cisão do olhar moderno é justamente essencializar, individualizar a questão da miséria e, ao mesmo tempo, ao criar as categorias, totalizar a realidade de pessoas concretas com as quais construímos o trabalho. De modo que, ao operar tal cisão, ao tomar como natural o estado de coisas como são, cabe às políticas sociais e à psicologia apenas incluir aqueles com os quais trabalha na sociedade, entendida na forma natural, como é. E a psicologia foi, ao longo da história, um saber que corrobora a naturalização da realidade, tendo o papel de identificar a diferença como anormalidade, e devendo, se possível, normalizá-la. E isso retira a atribuição política da ação da assistência, bem como a política empregada pelas práticas psi.

Derivações no Brasil

Acima, quisemos apenas identificar um grupo de linhas que compõem o campo da assistência social. Não queremos totalizar também (não precisamos de mais totalizações) o que são os dispositivos e as práticas da assistência social hoje. Um dispositivo sempre tem uma parte da história, uma parte que são suas linhas de formação, que são a continuidade de dispositivos anteriores. Peças deixadas e usadas para remontar. Um dispositivo é um conjunto heterogêneo de linhas (DELEUZE, 1989), que cria e é criado pela realidade. Ele dispõe a realidade de tal ou qual maneira, criando seus objetos, enunciados, maneiras de ver e práticas. Se, como diz Deleuze (1989) lendo Foucault, os dispositivos têm uma parte que é histórica, que fazem parte do estrato do dispositivo, ele também sempre tem um grupo de linhas que o compõem que são de criação, de atualização constante, o que faz com que cada dispositivo esteja sempre em processo de mutação, de atualização: seja em uma categoria mais geral, como dispositivo da política de assistência social, seja mais específico, como um serviço da política, uma prática psi dentro do dispositivo. Ou seja, o dispositivo varia a cada vez e em cada local diferente que funciona. De modo que, se falamos o dispositivo da política social, da psicologia, de um serviço de abordagem de rua, estamos inevitavelmente fazendo, em maior ou menor grau, generalizações. O dispositivo, ao funcionar, sempre muda. Cabe acompanharmos sua atualização em cada território, a cada momento.

E podemos dizer que, no que tange à conexão assistência social e psicologia no Brasil, temos outros elementos mais locais, que trazem para o campo do trabalho social outras composições em nosso país. Vamos ainda abordar a parte histórica dos dispositivos da assistência social e da psicologia, mas, agora, em algumas mudanças que identificamos no Brasil. Linhas que dizem respeito a uma história ainda muito recente, que passaram a se constituir a partir do final da década de 1970.

Falamos de um primeiro grupo de linhas que compõem a política social no mundo moderno, principalmente a partir de um pensamento contracultural, que tem em Foucault um arauto importante. Tal pensamento nasce nos anos 1960, em uma atitude de recusa à cultura, às instituições estabelecidas, e nasce em diferentes lugares na Europa e nos Estados Unidos. Ele está em sintonia com uma série de movimentos e transformações na sociedade ocidental, que têm no maio de 1968 uma forte expressão. Nesse movimento disperso, tratava--se de desnaturalizar o estabelecido, de recusar o que era tido como realidade estabelecida: a grande recusa como é conhecido o maio de 1968.

Pensamento este que, no Brasil, teve que se ver com a fragilidade das instituições democráticas, em um contexto de autoritarismo de Estado, marcado sobretudo por individualização, privatização, despolitização, centralização e hierarquização. Perante esse contexto, esse pensamento estrangeiro se articulou ao anseio da sociedade brasileira pela redemocratização, pela democratização institucional, por uma atenção às condições concretas das experiências das pessoas no país. Temos então uma recusa ao estabelecido, mas também uma necessidade vital de construir outra realidade social.

O motor das lutas na década de 1970 eram as condições concretas de vida que se encontravam dilapidadas pelo modelo econômico vigente. Apoiando-se nas comunidades eclesiais de base e em experiências comunitárias, esses movimentos reivindicavam serviços públicos de educação, saúde, políticas de habitação e transporte. As lutas por saúde e por educação para todos encontravam-se pulverizadas nas reivindicações que diziam respeito ao exercício da cidadania. Não eram, portanto, lutas de propriedade de um determinado grupo, nem se apresentavam com o mesmo conteúdo. A construção de uma escola acionava outras batalhas, por exemplo, a movimentação por sua manutenção e pela interferência nos modos de geri-la, a pavimentação das ruas, o saneamento do bairro, a melhoria na segurança etc. Movimentos que questionaram a tradição clientelista-populista que demarca as relações do Estado brasileiro com a população pauperizada. As demandas que apresentaram não eram mais compreendidas por esses grupos como a solicitação de um favor, mas como ocasião e meio de expressão de confronto por direitos que o Estado deveria respeitar e fazer cumprir (MONTEIRO; COIMBRA; MENDONÇA FILHO, 2006; HECKERT, 2004).

Podemos hoje dizer que esses embates situaram-se no cerne de uma questão crucial no Brasil até os dias atuais: o alargamento da acepção do que é considerado público e os debates em torno dessa questão. Essas lutas ampliaram-se para uma compreensão de que a participação da sociedade civil não devia estar limitada às fronteiras estabelecidas pelo Estado, ou aos outros canais institucionalizados, como os sindicatos e os partidos políticos. Tornar públicos esses serviços requeria a participação das pessoas na elaboração, na implementação e na fiscalização das políticas públicas, bem como na autonomia para gerir esses serviços de acordo com princípios a serem criados coletivamente.

No Brasil, pós década de 1980, destaca-se a construção dos sistemas nacionais, como os de saúde, primeiramente, em meados da década de 1990 e, posteriormente, de assistência social, em meados da década de 2000, a partir da expansão de burocracias públicas descentralizadas e unificadas, com a participação inédita dos três níveis de governo e com importante componente de participação e controle social. Do ponto de vista da concepção da questão social, podemos identificar mudanças em relação a políticas anteriores, em especial nos elementos que Lobato (2009) denomina de *constitucionalização* (incorporação da noção de direito), *abrangência* (publicização e incorporação na agenda pública) e *ampliação* (reconhecimento da produção social e inter-relação dos problemas sociais). Monteiro, Coimbra e Mendonça Filho (2006) afirmam que os movimentos que deram origem à instituição de uma série de políticas na Constituição de 1988 (como o Sistema Único de Assistência Social – Suas) passaram a enfatizar o cotidiano, "uma dimensão microfísica da política", ao buscar uma certa aproximação com o cotidiano das populações, ali onde não são grupos objetificados em análises neutras e pretensamente apolíticas, mas ali onde elas se configuram como comunidades, coletivos.

Nesse contexto, formam-se, a partir da aproximação com as realidades vividas pelos sujeitos e coletivos, pensamentos e práticas críticas às ciências humanas e sociais, às políticas sociais. Tais pensamentos e práticas ganharam várias expressões: na saúde, isso se desdobra nos movimentos da reforma sanitária e psiquiátrica, na construção do campo da saúde coletiva; na educação, a construção de um saber relacional, mais para um *ethos* do que para uma técnica, em que temos a importante presença de Paulo Freire. Expressões das quais o Sistema Único de Assistência Social é herdeiro. O Suas veio no sentido de afirmar o provimento de necessidades básicas como um direito e não como favor, caridade ou benesse. Uma mudança nos sentidos que o trabalho social tinha nos tempos precedentes. Nesse contexto como um todo, a questão era mudar a relação com os objetos de intervenção, era recriar o Brasil, sendo ao mesmo tempo necessário recriar a si próprio. Muitos campos de práticas assim o fizeram, e a psicologia não fugiu disso.

A partir da década de 1970, a psicologia começa também a questionar e a repensar sua prática. As aproximações com o marxismo, com o movimento institucionalista advindo do maio de 1968 começam a dar cada vez mais subsídios para questionar uma formação psi fortemente marcada por uma clínica privada que desconsiderava as questões políticas envolvidas nas décadas de 1960 e 1970, como questões do sujeito e do desejo. Passa a ficar evidente que, na formação do psicólogo, como mostra Ferreira Neto (2004), era impossível voltar-se unicamente à clínica, que ignorava completamente o que acontecia no contexto brasileiro, principalmente, uma certa parcela significativa da sociedade brasileira: as populações marginais.

A psicologia passa a frequentar as comunidades marginalizadas, por meio da psicologia sócio-histórica e da psicologia comunitária. Ao encontrar-se com essa margem, era impossível não colocar em questão a função social da psicologia. Primeiramente, passa-se a pensar que ela deveria assumir um certo compromisso social e, mais profundamente, que ela deveria passar a colocar em análise a si própria: qual a relação entre a formação e a prática psi e o sistema autoritário então vigente? Por que nas grades curriculares se dava tanto espaço para certos estudos, por exemplo, limiar da dor? A psicologia passa a ter a oportunidade de se defrontar com a política despolitizante, privatizante que operava, com seu trabalho nos manicômios, sua clínica direcionada a uma elite que prosperava na ditadura. Mais do que isso, certos psicólogos passaram a questionar seu método, seu objeto a si mesmo. Era necessária uma outra concepção de subjetividade e de política, como veremos.

Se, historicamente, as práticas psi pouco se relacionaram com as práticas concretas nas políticas públicas, na década de 1980, com toda a efervescência política vivida no processo da Constituinte, isso passa a não ser mais possível. Muito embora seja bem mais recentemente que o tema psicologia e políticas públicas é trabalhado nos cursos de graduação, na realidade os psicólogos passaram a adentrar nos trabalhos comunitários e nas políticas públicas. Isso gerou, ao mesmo tempo, práticas absolutamente mal situadas e equivocadas, ao realizarem uma transposição da clínica privada para esses novos campos, mas também todo um campo novo de experimentação, para o qual era preciso produzir referências.

O movimento institucionalista[8] passa a ter um papel muito importante na redefinição de um objeto da psicologia por meio da reforma psiquiátrica brasileira: questionamentos dos centralismos da ciência, dos *experts*, da neutralidade na pesquisa. Podemos dizer que o objeto da psicologia veio se transformando a partir dos desafios encontrados na relação direta com as políticas públicas: o "si", a subjetividade que o racionalismo moderno definia como realidade individual, familiar e privada passa a ser entendido como um processo também social e coletivo. O "si" do sujeito seria justamente o ponto, ao mesmo tempo, coletivo e singular de produção de sujeito e de mundo, em que

---

8   Estamos reunindo, sob um mesmo nome, teorias e práticas diferentes, mas que comungam do espírito de recusa do estabelecido que ocorreu nas décadas de 1950 e 1960 na Europa, como a psicoterapia institucional, a análise institucional, a psiquiatria democrática italiana, chegando até a antipsiquiatria inglesa.

as dimensões individual e social se coengendram, se fazem mútua e simultaneamente. O processo de subjetivação é relacional entre diversos elementos, não só individuais e familiares, mas institucionais, econômicos, sociais, históricos e políticos. O sujeito, como o vemos, é apenas uma imagem de um processo maior que ele mesmo, que sua família, e é preciso chegar a esse processo que o constitui.

Outro sentido de público: por outras possibilidades nas práticas em assistência social

As lutas pelo público, contra privatização, centralização e autoritarismo, lutas que vieram do cotidiano das experiências de sujeitos e coletivos concretos fizeram desviar estruturas das políticas sociais e das ciências humanas. Não que mudanças estejam consolidadas. No contemporâneo, momento presente sempre nebuloso para nós, vemos insistir uma série de práticas muito antigas, um sentido retrógrado nas políticas sociais. Contudo, podemos dizer que as décadas de 1970/80, e o que daí se seguiu, acrescentam outros elementos às nossas disputas. Sim, o campo da assistência social como política pública é um campo de disputa. Seu sentido, seus efeitos não estão dados. Mesmo que, em termos de lei, algumas diretrizes estejam postas, a maneira de efetivar isso concretamente na vida das pessoas pode se dar em sentidos muito diversos e completamente incompatíveis.

Por isso, entendemos que é fundamental criar um entendimento das linhas que compõem esses campos e, com isso, disputar o sentido das práticas. Quisemos mostrar que há um campo possível nas práticas em psi e em assistência social que dizem respeito a experiências brasileiras muito recentes. Esse outro possível não comparece como esperança, projeção no futuro, idealização. Embora dependa de uma espécie de utopia, ele já acontece, muitas vezes, silenciosamente e também vigorosamente em muitas práticas.

Perante a potencialidade de uma política como a assistência social efetivar-se como mera esmola, mera contenção da revolta dos marginalizados, ante a potencialidade da psicologia ser apenas um operador do silenciamento das crises sociais, entendemos que, neste campo, é preciso afirmar a necessidade de uma insurgência. Insurgência que seja estratégica, que também busque garantir mínimos sociais, mas que não se contente com isso. Que possa fazer surgir de dentro de nossa desolante paisagem social outras maneiras de dispor e viver a vida em sociedade. Entendemos que, para isso, é preciso afirmar o campo da política pública de assistência social e a prática da psicologia em certos sentidos.

A política social, para não se firmar como mera serviçal do sistema econômico, precisa ser uma política pública: para o público, no público e a partir do público. Nas políticas públicas, não está garantido, e na grande maioria das vezes não comparece, o caráter público da política. Há uma apropriação que queremos fazer do termo *público*, afirmando que há um caráter público, um teor, um grau público da política. Mendonça Filho (2008) nos fala do *público* como um centro de autoridade não específica e não localizada, uma dimensão a ser ocupada por todos, que remete às condições de articulação dos interesses de uma comunidade política. Esse público seria, ao mesmo tempo, interno e externo a todos, refutando a ideia de público como o "social". O público diz respeito a todos, não no sentido de abranger um universal, mas no de algo que diz respeito a qualquer um, de modo que possa congregar as singularidades dos existentes. A implicação dessa caracterização de público é que, por política pública, vamos entender algo diferente das políticas de Estado e das políticas de governo.

Política de Estado diria respeito ao texto constitucional. Ela tem a maior estabilidade, pois todas as equipes de governo que assumem o Estado devem executá-la de alguma maneira. Contudo, ao mesmo tempo que é mais estável, também é muito abstrata: como executar o direito a convivência comunitária? Como tornar isso experiência concreta de alguém? A política de governo[9] são os programas e projetos de cada equipe de governo, que se reveza em até quatro anos. Esse tipo de política é menos estável e diz respeito a como cada equipe de governo vai tentar fazer valer a política de Estado. A ela estão mesclados os interesses dos grupos que sustentam cada equipe de governo.

---

9   Governo aqui se refere à equipe de governo que se reveza de quatro em quatro anos na gestão de um Estado, e não ao sentido mais amplo de governo do qual fala Foucault, ao qual já nos referimos aqui.

Um exemplo de política de governo são os projetos marcas de gestão, como o Programa Bolsa Família. Contudo, a política efetivamente pública está além do aparelho estatal e de cada direção de um governo, partido ou grupo de interesse. Ela é a maneira como essas políticas de Estado e governo chegam à experiência concreta dos sujeitos e dos coletivos com os quais se relacionam. De modo que essa é a política mais instável, pois não depende apenas de uma boa lei ou um bom projeto. Ela precisa funcionar, na prática, para pessoas que existem. Ou seja, acionar efeitos do que podemos chamar de cuidado, ou efeitos que estejam a serviço das necessidades, ensejos e possibilidades das pessoas para as quais elas pretensamente se destinariam. É por uma afirmação do público que é preciso, como dizem Barros e Passos (2005) fazer uma reversão no sentido das políticas. Classicamente, temos a direção de construção de uma política pública na seguinte série: da política de governo à política de Estado, construindo finalmente uma política pública. As equipes de governo direcionam, de determinada forma, suas ações, se utilizando da política de Estado e fazendo com que cheguem aos usuários certos programas e projetos que, muitas vezes, não atendem às necessidades do público. A reversão trata de fazer um sentido ascendente, ao invés de descendente: a política precisa partir do público, estar a serviço das experiências concretas dos coletivos para os quais as políticas são feitas.

O governo biopolítico engloba os Estados contemporâneos, fazendo com que se produza, no Estado, um sentido de projetos de governo, que produzem, assim, certas práticas, maneiras de operar as políticas de Estado que, em associação com o capitalismo, geralmente dificultam a construção desse caráter público. O Estado, assim, seria um corpo no qual encarna tal modo de governo biopolítico, fazendo dele uma máquina que tende a absorver as linhas de poder expressando-as como programas, projetos, instâncias, procedimentos burocráticos etc. (BARROS; PASSOS, 2005). Com a reversão do sentido das políticas, pretende-se colocar a política do Estado e de governo a serviço de uma política do/no/para o público. Reversão que quer efetivar o caráter instituinte dos coletivos na relação com as políticas sociais. É a partir da atenção, do cuidado com a experiência concreta dos usuários, que se pode produzir outras políticas que possam transformar as dinâmicas sociais; tomar o que insurge para criar outras instituições, relações e paisagens sociais.

Falando-se em termos mais concretos, a intervenção se torna válida não como simples processo de adaptação do usuário do Suas à sociedade, mas como construir, na relação, lugares inéditos e possíveis. O que vai exigir outros princípios e outro método na prática psi. Regina Benevides de Barros (informação verbal)[10] coloca alguns princípios: (i) a não separação entre macro e micropolítica, ou seja, entre desejo, sujeito e sociedade, em que a subjetividade não é uma dimensão privada da realidade, mas, ao contrário, é o espaço de relação, o plano comum entre indivíduo e sociedade, princípio da inseparabilidade entre individual e social, singular e coletivo, modos de cuidar e modos de gerir; a macro e a micropolítica; (ii) princípio da autonomia e da corresponsabilidade, em que é impossível se pensar em práticas dos psicólogos que não estejam imediatamente comprometidas com o mundo que vivemos; (iii) princípio da transversalidade, no qual é entre os saberes que a invenção acontece. É no limite do que pode e de até onde alcança tal ou qual saber que se chega à experiência concreta dos sujeitos e coletivos. Caso contrário, se ficamos somente no campo psicológico, não fazemos se não construir teorias que abstraem a experiência dos sujeitos e coletivos, que está sempre escapando da racionalidade científica. Para Barros (informação verbal),[11] a contribuição da psicologia para as políticas públicas reside justamente no entrecruzamento do exercício desses três princípios.

Mas esses princípios precisam ser operados, precisam, imediatamente, ser ação política nos processos de constituição da sociedade e dos sujeitos. E isso, no entendimento de Barros, se faz por métodos de coletivização: construção de redes, de grupalidades, de responsabilização dos mais variados atores sociais. Podemos dizer, por uma certa contaminação dos dispositivos das políticas com as realidades com as quais atuam: praticar menos o ensinar virtudes e mais o escutar e acompanhar. Para esta parte da discussão, não temos mais tempo e espaço. O que quisemos marcar aqui é que, na atuação psi dentro das políticas de assistência, é preciso analisar, e uma análise que começa por si: que instituições a psicologia naturaliza? Na assistência social o que é viver junto? Como podemos evidenciar que, na verdade, a relação é que constrói nossas paisagens sociais, que um recorte de uma realidade formada depende de outro? Como podemos evidenciar que política econômica e política social

---

10   Informação fornecida por Regina Benevides de Barros na exposição "Psicologia e saúde nas políticas públicas: estratégias e esferas de ação" durante o V Fórum Social Mundial, ocorrido em Porto Alegre, em 2005.

11   Idem.

se coproduzem, não sendo possível modificar uma sem que a outra seja também alterada? A pergunta que sempre permanece em aberto é a que deve ser atualizada em cada experiência coletiva que tem como paisagem uma política de assistência social: como nossas práticas podem construir condições para a efetivação da assistência como política pública? E ela se mantém em aberto justamente porque a política efetivamente pública está aberta ao público, ao plano da relação, não podendo ser definida e conformada antes desta.

Referências

BARROS, R. B.; PASSOS, E. A humanização como dimensão pública das políticas de saúde. *Ciência & Saúde Coletiva*, Rio de Janeiro, v. 10, n. 3, p. 561-571, 2005.

CASTEL, R. *As metamorfoses da questão social*: uma crônica do salário. Petrópolis: Vozes, 1998.

DELEUZE, G. Qu'est-ce qu'un disposif? In: *Michel Foucault philosophe*: rencontre internationale, Paris, 1988. Paris: Seuil, 1989.

DONZELOT, J. *A polícia das famílias*. Rio de Janeiro: Graal, 1980.

FERREIRA NETO, J. L. *A formação do psicólogo*: clínica, social e mercado. São Paulo: Escuta, 2004.

FOUCAULT, M. Governamentalidade. In: MACHADO, R. *Microfísica do poder*. Rio de Janeiro: Graal, 1984.

_____. *História da sexualidade*. Rio de Janeiro: Graal, 1990.

_____. *Em defesa da sociedade*. São Paulo: Martins Fontes, 2005.

_____. *Nascimento da biopolítica*. São Paulo: Martins fontes, 2008.

FRAYSE-PEREIRA, J. *O que é loucura*. São Paulo: Brasiliense, 1983.

HERCKERT, A. *Narrativas de resistência*: educação e políticas. 2004. 298 f. Tese (Doutorado em Psicologia) – Universidade Federal Fluminense, Niterói, 2004.

LOBATO, L. V. C. Dilemas da institucionalização de políticas sociais em vinte anos da Constituição de 1988. *Ciência & Saúde Coletiva*, Rio de Janeiro,

v. 14, n. 3, p. 721-730, jun. 2009. Disponível em: <http://www.scielo.br/scielo.php?script=sci_arttext&pid=S1413-81232009000300008&lng=en&nrm=iso>. Acesso em: 27 jan. 2016.

LOBO, L. *Os infames da história*: pobres, escravos e deficientes no Brasil. Rio de Janeiro: Lamparina, 2008.

MACERATA, I. *Como bruxos maneando ferozes*: relações de cuidado e controle no fio da navalha: análise de um dispositivo da política pública para crianças e adolescentes em situação de rua. 2010. 200 f. Dissertação (Mestrado em Psicologia) – Universidade Federal Fluminense, Niterói, 2010.

MACERATA, I. *Traços de uma clínica de território*: intervenção clínico-política na atenção básica em saúde para a rua. 2015. 252 f. Tese (Doutorado em Psicologia) – Universidade Federal Fluminense, Niterói, 2015.

MACERATA, I.; DIAS, R.; PASSOS, E. Paradigma da guerra às drogas, políticas de ordem e experiências de cuidado na cidade dos mega-eventos. In: LOPES, L. E; BATISTA, V. M. (Org.). *Atendendo na guerra*: dilemas médicos e jurídicos sobre o "crack". Rio de Janeiro: Revan, 2014.

MENDONÇA FILHO, M. Análise coletiva das implicações: ferramenta de desmonte da interioridade unificada do "si mesmo". In: ESCÓSSIA, L.; CUNHA, E. (Org.). *A psicologia entre indivíduo e sociedade*. São Cristóvão: Editora UFS, 2008.

MONTEIRO, A.; COIMBRA, C.; MENDONÇA FILHO, M. Estado democrático de direito e políticas públicas: estatal é necessariamente público? *Revista Psicologia & Sociedade*, v. 18, n. 2, p. 7-12, maio/ago. 2006.

SILVA, R. N. *A invenção da psicologia social*. Petrópolis: Vozes, 2005.

2. "Essa gente": a produção de famílias perigosas na assistência social

Luís Fernando de Oliveira Saraiva[1]

Tida como inovadora, a assistência social brasileira vem empreendendo uma intensa luta para se constituir como política pública de fato, regulamentando-se como dever do Estado e direito da população. Não contributiva e tendendo à universalização, a política vem buscando romper com o clientelismo, o assistencialismo, a caridade e a filantropia, tão comuns em sua história, ao mesmo tempo que vem incorporando demandas presentes na sociedade brasileira.

Pautada em territórios e na unidade sociofamiliar – considerada núcleo de apoio primeiro – a assistência social se apresenta como uma política de proteção social, que busca garantir a todos que dela necessitam a provisão dessa proteção, ou seja, garantir a todos as seguranças de sobrevivência (de rendimento e de autonomia), de acolhida (que diz respeito à provisão de necessidades humanas, que começa com o direito a alimentação, vestuário e abrigo) e de convívio familiar e comunitário (BRASIL, 2005). Para isso, entende que a população tem necessidades e, mais que isso, a população tem possibilidades e capacidades que podem e devem ser desenvolvidas, garantindo-se, assim, o enfrentamento de vulnerabilidades sociais e a construção de vidas mais dignas e autônomas.

---

[1] Psicólogo, mestre em Psicologia Escolar e do Desenvolvimento Humano e doutor em Psicologia Social, ambos pelo Instituto de Psicologia da Universidade de São Paulo (IPUSP) (luisfos@uol.com.br).

Nesse contexto, a atual política de assistência social brasileira tem sido enaltecida, justamente por fazer avançar a promoção de direitos básicos à população, sobretudo a mais pobre. Entretanto, como Lopes (2009) aponta, a proliferação de políticas de assistência e inclusão no Brasil traz consigo ares de apaziguamento, por contribuir para que situações de marginalização e degradação das condições básicas de vida não se transformem em exclusão social, condição daqueles que "não são capturados pelo sistema e serviços do Estado, embora estejam capturados pela governamentalidade do Estado" (p. 158). Apaziguamento atrelado a refinadas técnicas de controle de corpos e da população, como observou Foucault (2008a) naquilo que chamou de governamentalidade.

A noção de governamentalidade parece ser um potente instrumento para analisarmos a política de assistência social, sobretudo quando falamos de serviços, programas e projetos ligados à proteção social básica, responsável pela prevenção de situações de risco social por meio do desenvolvimento de potencialidades e aquisições e do fortalecimento de vínculos familiares e comunitários de seu público usuário. Ganha destaque, nesse contexto, o Serviço de Proteção e Atendimento Integral à Família (Paif), desenvolvido pelos Centros de Referência de Assistência Social (Cras), que atua de forma preventiva, protetiva e proativa, apostando na intervenção em famílias e territórios para a construção de novas realidades (BRASIL, 2012a, 2012b).

Dessa forma, discutiremos aqui concepções e práticas que se dão no atendimento a famílias pobres no âmbito da política de assistência social, bem como seus efeitos subjetivadores. Para isso, a situaremos em uma lógica governamentalizante, em que a condução de condutas lastreia a operacionalização da política, partindo da base teórico-conceitual mais intensamente desenvolvida em minha tese de doutorado (SARAIVA, 2016).

A assistência social como um dispositivo governamentalizante

Em seus estudos sobre o biopoder e as intensas transformações ocorridas ao longo do século XVIII, Foucault (1995, 1999, 2008a) atenta para a emergência de um poder que passa cada vez mais a se ocupar da gestão da vida.

Ou seja, tempos de um poder que não opera quando confisca vidas, mas opera justamente quando visa produzir forças, majorando-as e ordenando-as. Poder sobre a vida, uma vida que nunca deve lhe escapar, justamente em um contexto marcado pela ascensão do capitalismo e de sua necessidade de controlar corpos e lhes extrair as forças, ao mesmo tempo que ajusta os fenômenos da população aos processos econômicos, utilizando-se de procedimentos variados, ramificados por todo o corpo social, tendendo à invisibilidade, e tendo sempre um objetivo: gerir a vida e extrair-lhe o máximo de forças, com o maior lucro possível.

Aliada às disciplinas, a biopolítica, preocupada com o corpo-espécie, opera em técnicas de segurança – segurança geral diante dos perigos inerentes à vida – e lida com aquilo que é aleatório e que não se conhece com exatidão, como doenças, mortes, crimes, aumento de preços, nascimentos. Trata-se, assim, de fenômenos inevitáveis, próprios da vida, diante dos quais deve-se criar antecipações e planejamentos, em processos de normalização, que funcionam por uma questão de grau, de proximidade diante daquilo que é considerado normal. Daí, uma derivação das técnicas disciplinares: o adestramento dos corpos – alvo das disciplinas – torna-se um instrumento, uma condição, para essa gestão do futuro que deve acontecer.

Ao mesmo tempo, assiste-se à introdução da economia nas preocupações de governo, no sentido de como se administrar adequadamente os indivíduos, os bens, as riquezas, de forma que a administração alcance as bases sociais e ali se exerça. Passa a dominar uma nova economia, que dizia respeito aos processos e fenômenos da população, alvo da estatística, que possibilita medi-los e lhes traçar as regularidades. O governo de um Estado tornou-se a busca pelo bem comum, pelo bem da população – com seus desejos, interesses e aspirações; bem que varia de situação para situação, e que tende a intensificar os efeitos do próprio governo. Para isso, a família – que outrora fora modelo de governo – se tornou instrumento para um governo eficaz, conforme veremos adiante.

É nesse contexto que Foucault (1995, 2008a, 2008b) entende que nossa sociedade passou a ser marcada por sua governamentalidade, isto é, um exercício de poder que consiste em "conduzir condutas" e em ordenar probabilidades, estruturando o eventual campo de ação dos outros. Conduzir condutas que se dão em um meio, em um campo de relações; assim, governam-se os indivíduos em suas relações com o meio, consigo mesmos, com os outros, com hábitos, costumes, maneiras de ser e de pensar. E, para melhor governar, em vez de imposições, passa-se a fazer uso crescente de táticas que possibilitem administrar coletivamente, por meio do Estado, os fenômenos da população e, ao mesmo tempo, administrar a população com sutileza e em cada detalhe – sobretudo detalhes subjetivos, subjetivadores, o que, ao mesmo tempo, exige que o Estado se torne forte, sem que, entretanto, extrapole em suas intervenções.

Partindo dessa perspectiva, podemos pensar que a garantia de direitos, com uma presença mais marcante do poder público, traria consigo não apenas supostas melhorias nas vidas das pessoas, mas se daria sobretudo com a introdução dessas pessoas de forma mais arraigada às relações de poder hegemônicas. Ou seja, garantem-se direitos como forma de melhor se extraírem forças e aumentarem lucros, como forma de também se produzirem subjetividades mais rentáveis – pois cada vez mais a subjetividade vem se tornando um negócio de Estado (GUATTARI; ROLNIK, 2005).

Nessa lógica, a garantia de direitos também espraia as relações de poder, tendendo trazer todos para dentro. Afinal, a lei é reconhecimento de necessidades alheias, sem medidas particulares, individuais e excepcionais, e a possibilidade de participação dos governados em sua elaboração, segundo Foucault (2008b), é o que há de mais eficaz em economia governamental.

Como apontamos, o Paif funciona sobretudo em uma lógica preventiva e interventiva, no sentido de se antecipar à ocorrência de certos problemas e produzir novas formas de vida. Mas, como lembram os estudos foucaultianos, a ideia de prevenção está intimamente ligada à noção de periculosidade, noção esta que emergiu entre os séculos XVII e XVIII, quando a preocupação das classes dominantes deixou de se ater às infrações às normas cometidas pelos sujeitos, passando a se ocupar também das possibilidades de vir a infringir.

Ou seja, no controle dos corpos, da vida individualizada, cuja intenção principal diz respeito à maximização de suas forças e ao aproveitamento delas, torna-se necessário, cada vez mais, um movimento de antecipação. Antecipar-se aos acontecimentos, avaliando suas virtualidades, em uma vigilância constante. Leis não são suficientes; não basta dizer "não roubarás" ou dizer quais as punições para isso; torna-se necessário antecipar-se e descobrir, antes de o ladrão roubar, se ele roubará; antes mesmo de o ladrão em potencial se tornar ladrão de fato. E não basta mais punir; cabe corrigir; corrigir antes mesmo que desvie. Certa aposta humanista, que diz, de alguma forma, que os indivíduos guardam em si possibilidades de transformação e conversão; uma aposta humanista que inclui as pessoas; que as traz para dentro das relações de poder, mesmo quando elas são supostamente excluídas em prisões, manicômios etc. Uma aposta humanista que também revela a preocupação com os riscos de uma pessoa vir a fazer ou a reincidir, isto é, sua periculosidade, e a preocupação com os custos dessa reincidência. Uma ideia que se assemelha ao "prevenir é melhor que remediar".

Controle, portanto, não apenas sobre o que se é, mas sobre o que poderá vir a ser. Controle sobre virtualidades. Prevenção. Insegurança. Certo encadeamento que, como veremos, vai produzindo um estreitamento e a naturalização da relação entre pobreza e periculosidade.

Nessa perspectiva, podemos pensar que a política de assistência social, além de dizer respeito à garantia de direitos, refere-se também a uma modalidade de governar certas desordens, ou seja, uma forma de gerir aleatoriedades, a partir de dispositivos de segurança. Respaldada também por concepções higienistas, parece que aposta em famílias pobres, por estratégias de baixo custo, mas de alto impacto, também como uma potente estratégia de prevenção, não apenas de violações de direitos, mas sobretudo na produção de certos tipos de sujeitos. E para que as próprias famílias, em uma vigilância constante por meio de agentes institucionais (principalmente psicólogos e assistentes sociais), cadastros, sistemas informatizados, visitas domiciliares etc., instaurem dentro delas uma vigilância constante delas sobre elas mesmas. Uma vigilância interna, de si para si, de forma que se torne cada vez menos necessária a presença desses agentes e estratégias externas. Vigilância minuciosa. Dos filhos, da vizinhança, do dinheiro, da casa, dos hábitos, dos costumes, das maneiras de pensar, sentir, desejar, ser e existir.

Jeitos para essa gente

"Vocês vão ter que dar um jeito no Rafael. Vocês ou o conselho tutelar!", categoricamente assinalou Juliana no início do atendimento. Rafael, seu filho, que na época tinha 14 anos, dava "muito trabalho" para a mãe. Desobediente, não queria ir para a escola pelo segundo ano consecutivo; saía à noite e voltava só de madrugada; teria começado a beber e a mãe desconfiava que ele começara a fumar maconha com as "más companhias da rua", ao mesmo tempo que começara a fazer bicos como ajudante de pedreiro. No atendimento, fora orientada pela assistente social de que fazer com que o filho frequentasse a escola era sua obrigação legal, obrigação da qual a profissional supôs que ela queria se ver livre, ao dizer que o Cras deveria tomar alguma providência. Afinal, "essa gente é assim": omissa, na primeira oportunidade, abre mão de suas responsabilidades, repassando-as ao Estado.

Juliana era uma típica usuária de serviços e programas da assistência social brasileira. Mulher, pobre, mãe de muitos filhos (tinha seis e estava grávida do sétimo, mesmo tendo menos de 35 anos de idade), aparentava ser muito mais velha do que realmente era; não trabalhava e sobrevivia graças aos raros bicos que o marido fazia e ao benefício do Programa Bolsa Família, além das cestas básicas que recebia da prefeitura. Analfabeta, falava alto, costumeiramente de modo grosseiro, o que lhe conferiu a fama de "barraqueira" em diversos postos de serviço público. Descabelada, sem alguns dentes, de unhas e roupas sujas, procurava o Cras quase semanalmente, sempre acompanhada dos filhos, que tinham ares de malcuidados, também estando frequentemente com o corpo e roupas sujos.

Ao longo do acompanhamento realizado pelo Paif, surgiram muitas questões: o filho mais velho que abandonara a escola e se envolvia com más companhias; o relacionamento com o marido, marcado por brigas e agressões constantes; as disputas com os irmãos e com a madrasta pelas casas no mesmo quintal, deixadas pelo pai; a constante falta de renda; as dificuldades em registrar os filhos no cartório – o que sempre se dava quando eles já estavam grandes.

Problemas diversos e explicações redundantes: "essa gente é assim". Pobre, omissa, relaxada, folgada, exploradora (por, sempre que possível, se aproveitar do Estado, vivendo de benefícios variados), irresponsável (por insistir em fazer tantos filhos, mesmo diante de tanta pobreza e dificuldades em criá-los). Desestruturada. São pessoas aproveitadoras, tentam a todo custo tirar proveito das situações, pouco dizendo a verdade e se aproveitando ao máximo do governo. Desonestas, ao menos em potencial. Comumente recusam o atendimento que lhes é oferecido, pouco se engajando em mudar de vida. Pouco entendem as orientações que recebem e pouco as aceitam. Cuidam mal dos filhos, oferecendo reiteradamente exemplos negativos. Negligentes. Simplesmente porque "essa gente é assim".

"Essa gente": modo pelo qual muitos profissionais se referem a usuários de serviços socioassistenciais. Modo também utilizado pelos próprios usuários para se referirem a outros usuários. Uma visão intensamente pejorativa, que vem de todos os lados e que produz sujeitos que tendem a atender, em certa medida, a tais expectativas. Ou seja, "essa gente" pode ser tomada como uma categoria analítica inventada para pensar os modos de subjetivação que permanecem sendo acionados hegemonicamente pela política de assistência social.

Explicações redundantes, genéricas, abstratas, reducionistas e circulares. Pois "essa gente é assim porque é assim". Explicações que falam de um olhar que silencia; silencia corpos, saberes, desejos e direitos. Um olhar que não apenas enxerga, mas também diz, toca, sente e atribui sentidos, explicações e possibilidades de existência. Um olhar que se mostra um poderoso instrumento de classificação, hierarquização, discriminação, punição e docilização dos corpos. Um olhar que valora; um olhar, então, moral. Moralista e moralizante. Para fixar-se, um olhar que se apaga, apagando seus próprios traços e caminhos percorridos. Um olhar que, para poder ser exercido, silencia aquilo que vê (SARAIVA, 2010). Um olhar que se diz neutro, que produz sujeitos-coisa, que define o outro pela falta e pela possibilidade de vir a faltar, já que persegue carências, falhas, vulnerabilidades, quase sempre tomadas como individuais, psicologicamente individuais; um olhar paradoxalmente generalizante e individualizante, produtor de individualizações. Olhar que privatiza: as dificuldades, os sofrimentos, as angústias, as possibilidades. Olhar meritocratizante. Olhar, enfim, naturalizado e naturalizador: "essa gente é assim e assim será".

Um olhar dos profissionais, podemos pensar. De psicólogos e assistentes sociais, cujo salário médio gira em torno de dois a quatro salários mínimos, e cuja realidade, muitas vezes, pouco se distancia daqueles que atendem. De profissionais supostamente malformados, mal remunerados e que pouco compreendem a política pública. Que pouco compreendem e a distorcem. Que a fazem fracassar.

Pseudofracasso esse, nas palavras de Coimbra e Nascimento (2007), já que esse suposto insucesso na assistência social institui e institucionaliza, de forma muito eficaz, a inferioridade de determinadas pessoas e suas famílias. Afinal, "dentro da lógica capitalista da meritocracia, essa inferiorização fortalece a individualização e justifica a exclusão" (p. 128).

Ou seja, a produção de "essa gente", para além de responsabilidade dos profissionais – tão comumente culpabilizados pelas mazelas cotidianas dos serviços socioassistenciais –, faz parte de um funcionamento intrínseco ao mundo em que vivemos. Certa inclusão por exclusão, possibilitando estratégias de prevenção para pessoas de destinos já traçados. "Essa gente": gente facilmente considerada como negligente. Pois falamos disso: Juliana é costumeiramente entendida como negligente. Não registra os filhos, não os obriga a ir para a escola, não oferece uma vida boa para eles por não trabalhar, não cuidar, não ser. E seria negligente consigo mesma: é suja, descuidada, desatenta. Desatenta sobretudo com o que lhe é dito nos diversos atendimentos no Cras. Indiferente. E sua negligência tende a aumentar. Ao menos é o que lhe dizem. No Cras, no conselho tutelar, na escola dos filhos.

Negligência que é necessária em uma sociedade de segurança, sociedade que defende uma vida ideal como aquela que se afasta dos riscos da vida. Riscos que têm cor, classe, orientação sexual. Riscos que falam da criação do par proteção-negligência; ou seja, proteção e negligência são os dois lados da mesma moeda. Negligência como efeito da proteção, como aquilo que se afasta de modelos inventados de proteção – proteção esta que é um dispositivo biopolítico. Mas, afinal, "essa gente é assim".

Vulnerabilidade social, risco social, violação: um sofisticado repertório de expressões que redundam no "essa gente é assim", como se as dificuldades pelas quais passam dissessem respeito unicamente a escolhas pessoais. Mas, para lidar com "essa gente", as estratégias são muitas. Formulários e cadastros variados para conhecer e incluir famílias não se sabe muito bem onde, em programas que, porventura, venham a ser criados. Entrevistas ritualísticas configuram-se como convites a incansáveis práticas confessionais, onde conhecer se torna um interrogatório sem fim. Visitas domiciliares, procedimento utilizado, muitas vezes, quando não se sabe o que fazer diante de uma família, que fala de invasões à esfera privada, com observações que frequentemente servem para a produção de provas contra determinada família. Encaminhamentos, variados e aos montes. Inclusões em grupos – de adolescentes, de mães, de convivência, de geração de renda. Porque é necessário ter renda, sobretudo aquela gerada em trabalhos precarizados. E é necessário ser orientado, de maneiras diversas, sobre como educar os filhos, sobre como preparar um currículo e se portar em uma entrevista, sobre como se comportar diante das pessoas – ou seja, fora do ambiente pernicioso de seu lar –, sobre hábitos de higiene, mesmo que eles se refiram à necessidade em se manter aparados os pelos pubianos.[2]

Atendimentos pensados sempre em uma lógica de prevenção. Prevenção de riscos, de negligências, de violações. Considerando que os atendimentos são pensados para essa prevenção, o que assistimos é uma verdadeira hiperterritorialização no lugar do perigo, da periculosidade, de riscos e negligências iminentes, como aponta Maria Lívia do Nascimento (informação verbal).[3] Assim, uma vez negligente, sempre negligente. Virtualmente negligente. Reincidir é sempre possível. E provável. Assim, é necessário esquadrinhar essas famílias. Esquadrinhar, sobretudo, na fronteira do dever-ser.

Esquadrinhadas em sua intimidade. Naquilo que fazem, que pensam, que sentem, que desejam, naquilo que (des)educam os filhos, naquilo que compram, naquilo que moram. E naquilo que deveriam fazer, deveriam pensar, sentir, desejar, educar, comprar, morar etc. Mas a vida privada dos pobres parece se tornar quase sempre pública, talvez por ser financiada por dinheiro público. Esquadrinhada em suas possibilidades de calibragem. Esquadrinhada em suas possibilidades de redenção, de conversão, de obediência. De obediência à norma, em adesões voluntárias, com a criação de um mesmo vocabulário, um mesmo ideal, um mesmo desejo. De uma obediência cadavérica. Assustadoramente cadavérica.

---

2   É comum nos Cras a realização de palestras realizadas por equipes de saúde destinadas a grupos socioeducativos de jovens e adolescentes. Além de orientações sobre o uso de métodos contraceptivos e prevenção às drogas, costuma-se falar sobre cuidados com o corpo e higiene pessoal.

3   Informação fornecida por Maria Lívia do Nascimento na exposição "Abrigo, pobreza e negligência: percursos da judicialização", durante o I Colóquio Internacional Michel Foucault e a Judicialização da Vida, ocorrido no Rio de Janeiro, em 2011.

48   "ESSA GENTE"

A garantia de proteção, nesse sentido, significa também trazer aqueles que se desviam para dentro das fronteiras da normalidade, abafando os grunhidos que ousaram ter. Uma melhor possibilidade de controle, decerto. A criação de novos Estados; o Estado de si, em si. O autogoverno, a autocondução. Um sequestro de si operado por si mesmo. E por meio da família.

Famílias perigosas

As políticas voltadas para famílias em nosso país não são de hoje. No resgate histórico traçado por Teixeira (2010) percebe-se a grande influência de concepções e práticas de cunho higienista em políticas implantadas já no início do século XX e que buscavam a normatização da vida familiar. Parecem ter se inaugurado ali (ao menos em nosso país) políticas familiares que visavam estruturar um certo modelo familiar "regular", "estável" e "saudável", bastante adequado à ordem social e às necessidades de seu tempo. Ainda, tratavam-se de políticas que reafirmavam papéis hegemônicos de seus membros, sobretudo com divisões rígidas entre homens e mulheres, e a necessidade de uma família enquanto espaço privado e de intimidade, marcado pela preocupação com o desenvolvimento físico-sentimental dos filhos, de modo mais individualizado e amoroso. Ou seja, parece ter-se inaugurado, ali, o modelo de família que passaria a habitar o imaginário político-social de nosso país até os dias atuais.

Voltando mais no tempo, de acordo com Foucault (2008a) e Donzelot (1980), a família vem ocupando uma posição estratégica nas possibilidades de controle de corpos e da população desde os séculos XVIII, quando a família teria se tornado o agente mais constante de intervenção estatal, sobretudo com o privilégio dado à infância. A partir da parceria de profissionais variados (inicialmente médicos, mas ao longo do tempo psicólogos, assistentes sociais e pedagogos) com a mãe, "chefe da casa", nas palavras de Sarti (2003), a família deveria se tornar um meio denso, permanente e contínuo, responsável por favorecer a produção de crianças que pudessem se tornar adultos mais ajustados ao mundo em que viviam (FOUCAULT, 1979), ideia esta também compartilhada por Horkheimer e Adorno (1973).

Nesse contexto, verifica-se a emergência de preocupações em se (re)estabelecer a vida de família dos pobres, sobretudo com a crescente atuação de associações filantrópicas higiênicas e religiosas, que pretendiam convergir "seus esforços para uma restauração da vida familiar, forma primeira e fórmula mais econômica da assistência mútua" (DONZELOT, 1980, p. 35). Rapidamente, tais associações passaram a entender que, na assistência aos pobres,

> *o que é preciso dar é, por princípio, mais conselhos do que bens, [persuadindo-os] de que são senhores de si para recusarem aquilo que se lhes pede [afinal] o conselho é o ato que melhor caracteriza a igualdade, pois resulta, ao mesmo tempo, do desejo de influenciar da parte daquele que o dá e da perfeita liberdade de quem o recebe (p. 64).*

Influência moral – e legítima, oriunda daqueles que detêm o saber. Gratuitos. E preventivos – já que evitariam que se adquirissem maus hábitos. E, mais uma vez, a mulher aparece em destaque no recebimento de ajudas filantrópicas, por se considerar que, por meio dela, também se socorreriam as crianças e toda a família.

Conselhos e influência moral. Atrelados ao fornecimento de ajudas sobretudo financeiras. Uma prática que imediatamente trouxe a necessidade de distinção entre a pobreza verdadeira e a indigência factícia e que pretendia, com as ajudas prestadas, promover um reerguimento da família. Uma "conexão sistemática entre a moral e a economia que implicará uma vigilância contínua da família, uma penetração integral em todos os detalhes da sua vida" (DONZELOT, 1980, p. 67). Assim vemos encadeamentos na lógica da vigilância e intervenção nas famílias pobres. Lógica que deverá ser incorporada por ela. Exemplo disso será a vigilância instaurada diante da infância – da infância em perigo e da infância perigosa, vigilância esta que opera em uma perspectiva de prevenção.

A atenção a famílias, com o oferecimento constante de conselhos, como forma de influência moral, dessa forma, fala sobre uma certa gestão da vida, intimamente ligada à noção de periculosidade, noção que emergiu quando a preocupação deixou de se ater às infrações às normas, cometidas pelos sujeitos, passando-se a se ocupar também das possibilidades de vir a infringir – também no sentido de pouco se adequar às necessidades de seu tempo (FOUCAULT, 2008a). Controle, portanto, não apenas sobre o que se é, mas sobre o que se poderá vir a ser. Controle sobre virtualidades, atrelado às ideias de prevenção e insegurança. Um certo encadeamento que também vai produzindo um estreitamento e a naturalização da relação entre pobreza e periculosidade. Perigo sanitário, moral, criminal. Pois não está em questão qualquer família, mas sim famílias pobres. Afinal, a elas se destinam políticas públicas voltadas para famílias. Políticas para as "classes perigosas", comumente vinculadas com a "cultura da pobreza", como discute Coimbra (2000).

Tais concepções parecem ter atravessado as políticas sociais de nosso país, dentre elas a assistência social, que historicamente sempre se mostrou conservadora e policialesca, buscando a disciplinarização de famílias pobres, consideradas negligentes e produtoras de sujeitos faltosos e problemáticos. Nesse contexto, merecem destaque as instituições filantrópicas de puericultura, que, ao longo da primeira metade do século XX, foram responsáveis pela atenção a famílias pobres, visando disseminar preceitos higiênicos a respeito dos cuidados a crianças. Por meio disso, acabavam também por difundir de modo muito eficaz o modelo de família nuclear, marcado por relações de intimidade, amor e harmonia, capazes de produzir futuros cidadãos trabalhadores, dignos e patriotas (WADSWORTH, 1999; SILVA JÚNIOR; GARCIA, 2010). É imperioso ressaltar que as famílias que fugiam a tal modelo eram paulatinamente desqualificadas, sendo responsabilizadas pela produção de vadios, delinquentes e degenerados.[4]

Pode-se dizer, assim, que, ao longo da história da política, dominaram concepções e práticas que instituem e institucionalizam, de forma muito eficaz, a inferioridade de determinadas pessoas e suas famílias. Afinal, "dentro da lógica capitalista da meritocracia, essa inferiorização fortalece a individualização e justifica a exclusão" (COIMBRA; NASCIMENTO, 2007, p. 128). E justamente em um movimento em que a família é central para a construção de um futuro que se pretende e para que se evite aquilo que não se quer.

---

4   Coimbra (1995) destaca que, às vésperas e durante a ditadura militar, diante da "crise da família", esta era acusada de produzir sujeitos subversivos e comunistas.

Um certo encadeamento de ideias que também naturaliza as dificuldades vividas por famílias como a de Juliana. Afinal, muito facilmente se pensa que as famílias pobres trariam consigo uma "má herança"; elas seriam portadoras e transmissoras de "degenerescências". Sim, uma atualização das degenerescências tratadas por Morel em seu *Traité des Dégénérescences Psyques, Intellectuelles et Morales de l'Espèce Humaine et des Causes qui Produisent ces Variétés Maladives*, em 1857. Segundo o alienista Frances, as "classes perigosas" são "'verdadeiras variedades' [...] que não possuem nem a inteligência do dever, nem o sentido da moralidade dos atos, e cujo espírito não é suscetível de ser esclarecido ou mesmo consolado por qualquer ideia de ordem religiosa" (apud COIMBRA, 2000, p. 59). E tais "variedades" constituiriam um estado de perigo constante para a sociedade.

Concepção superada, decerto. De forma alguma. Tomando cada pessoa como um inimigo potencial, cria-se, por exemplo, uma relação entre risco na infância (ou na adolescência) e criminalidade futura. Mesmo quando a atual política de assistência social visa afirmar direitos. Muitas vezes, são evidentes outras intenções em, por exemplo, se incluir um adolescente no Projovem Adolescente, programa socioeducativo destinado a adolescentes cujas famílias são beneficiárias do Programa Bolsa Família.[5] Participar de atividades socioeducativas assume também o caráter de possibilitar que o jovem escolha "o caminho do bem", evitando o caminho das drogas, da prostituição e do crime, como defendeu o então Ministro do Desenvolvimento Social e Combate à Fome, Patrus Ananias.[6] Enfim, adolescentes pobres devem ser afastados de "ambientes viciosos", "da escola do mal", como a rua e sua própria família. Aliás, tais atividades parecem também buscar neutralizar os efeitos nefastos desses ambientes.

---

5   Instituído pela Lei nº 11.129, de 30 de junho de 2005, e regulamentado pelo Decreto nº 6.629, de 4 de novembro de 2008, o ProJovem Adolescente é uma das quatro modalidades do Programa Nacional de Inclusão de Jovens. De responsabilidade do Ministério do Desenvolvimento Social e Combate à Fome, trata-se de um serviço de caráter preventivo, que oferece para jovens entre 15 e 17 anos atividades de convívio e trabalho socioeducativo que buscam o desenvolvimento da autonomia e cidadania e a prevenção de situações de risco social.

6   Tais declarações foram feitas por Ananias no I Simpósio Mineiro de Psicologia no Sistema Único de Assistência Social (Suas), organizado pelo Conselho Regional de Psicologia de Minas Gerais, em 2009.

Dessa forma, o caráter de garantia de um direito social parece trazer consigo práticas de controle, de fundamentos racistas, higienistas e eugenistas. Práticas estas que buscam a manutenção e a ampliação da utilidade, da produtividade e da docilidade, não apenas de corpos, mas também da população, do corpo-espécie. De cada um desses jovens. E de todos eles. De suas famílias, de sua comunidade. Afinal, jovens em perigo também podem ser perigosos. E, diante disso, é necessário se antecipar e intervir.

Assim também eram vistas Juliana e sua família: perigosas. Não apenas na costumeira agressividade de Juliana, que fez uma psicóloga do Cras aventar que ela deveria portar algum transtorno de personalidade. Considerada agressiva e negligente, colocaria os filhos em risco e estes, quando crescessem, colocariam a sociedade em risco. Uma desconfiança vista em Rafael, que andaria com más companhias, isto é, em meio às drogas e à criminalidade. O "abandono" à escola diria respeito unicamente à negligência de sua mãe e à falta de uma predisposição de adolescentes pobres aos estudos – afinal, as classes perigosas seriam incapazes de serem esclarecidas. Não à toa, Juliana era constantemente alertada dos riscos de o filho se envolver com o tráfico e começar a roubar. A saída proposta? Atividades de formação profissional, já que o trabalho é hegemonicamente visto como salvação aos pobres.

Uma família perigosa, inserida naquilo que Coimbra e Ayres (2010) chamam de rede competente na produção de discursos sobre a incompetência das famílias pobres. Afinal, Cras, Centro de Referência Especializado de Assistência Social (Creas), conselho tutelar, UBS e escola repetiam uníssonos o quanto Juliana era descuidada e seus filhos estavam em perigo. Situações variadas, mas que quase sempre colocavam Juliana em um lugar de incapaz de cuidar dos próprios filhos. Situações que falam da estigmatização das pessoas e de suas famílias. Que valoram existências, que marcam existências. Que traçam destinos. E que culpabilizam, já que hegemonicamente busca-se na família a raiz dos problemas vividos por ela.

É importante destacar o quanto a assistência social tem procurado romper com a ideia de famílias desestruturadas e irregulares, afirmando sua diversidade de arranjos e configurações e procurando atentar para as vulnerabilidades que vivem e podem afetar sua capacidade protetiva (SARAIVA, 2016).

Ou seja, antes tidas como irregulares, as famílias, na nova assistência social, são vistas como vulneráveis. E quais os possíveis efeitos de ser uma família vulnerável?

Em primeiro lugar, é necessário lembrar que vulnerabilidade é um conceito que conjuga ideias de prevenção e risco. Sposati (2001) aponta que a vulnerabilidade tem a ver com a necessidade de se identificarem e estabelecerem quais situações tornam as pessoas mais sujeitas à vivência de um risco. Torossian e Rivero (2014) identificam a pobreza, o precário acesso a serviços públicos, os vínculos familiares e comunitários fragilizados e a baixa potencialidade pessoal e grupal em aproveitar aquilo que a sociedade oferece como situações que vão sendo construídas como aquelas que intensificariam as possibilidades de riscos.

Apesar de uma série de elementos serem indicados como produtores de vulnerabilidades, frequentemente entende-se que a pobreza é terreno fértil para elas, ou seja, para a vivência de riscos. E riscos, lembram Hillesheim e Cruz (2014), estão diretamente relacionados à ideia de perigo. Perigo, periculosidade e o controle de virtualidades.

E as famílias pobres estão talvez eternamente vulneráveis a desproteger, sobretudo com a ampliação sem fim de suas funções. Pois é isso também que a assistência social tem feito: atribuído novas funções à família, de tal forma que parece pouco possível que alguma família dê conta de tantas responsabilidades (SARAIVA, 2016). Em um funcionamento familista, verifica-se, à luz de Mioto e Campos (2003) e Kaloustian (2011), uma crescente atenção à família desde a década de 1990, atrelada a discursos de recuperação de valores morais da família, bem como a uma lógica político-econômica pautada por agências internacionais, a família vem, muitas vezes, ocupando um papel central e substitutivo na garantia de direitos sociais das pessoas. Daí a expansão de seus formatos e funções. E, com tantas funções, mais possibilidades de não as cumprir; mais chances de uma família se ver em vulnerabilidade. E uma família vulnerável também vulnerabiliza seus membros, sobretudo as crianças. Algo que leva a novas irregularidades e novas incompetências mais permanentes, graças a uma virtualidade sem fim.

Jeitos para quem?

Não há dúvidas de que Juliana e sua família enfrentam dificuldades e problemas variados. Falta de renda e comida, baixo acesso a políticas públicas, conflitos intrafamiliares, violência doméstica: uma série de situações que falam da precarização da vida. Situações comuns vividas por muitas famílias pobres; situações que fazem com que essas famílias vivam contínuas situações de desproteção e perigo.

De famílias em perigo a famílias perigosas: essa parece ser uma intensa ambivalência produzida na assistência social. Algo que faz com que direitos e proteções a serem assegurados à população convivam com modalidades de gestão da vida. Ou seja, a fim de afiançar direitos à população, a assistência social opera potentes estratégias de controle dos sujeitos, buscando sua adequação ao mundo em que vivem. Esse parece ser um movimento intrínseco à lógica dos direitos: conduzir os sujeitos às garras do poder. Mas como pensar a garantia de direitos como potência, como aquilo que aproxima a vida daquilo que ela pode, que a faz se expandir?

Essa parece uma questão a ser cotidianamente enfrentada. A começar na forma autoritária e pejorativa com que famílias pobres são atendidas nos equipamentos públicos. Formas que colocam a família como central na política e, ao mesmo tempo, a abstraem dos atendimentos, já que pouco se pode falar das famílias concretas, das famílias que existem, e não daquilo que afasta uma família de um certo modelo genérico, que deveria cumprir determinadas funções.

Juliana não registrava os filhos e essa lhe parecia ser uma grande dificuldade. As hipóteses dos profissionais sempre remetiam a uma suposta negligência e despreocupação com os filhos, quando, na verdade, não queria que mais um de seus filhos não tivesse o nome do pai na certidão de nascimento. Recusava-se a manter os filhos sem pai, não apenas na certidão, mas na vida. Quando o Cras pôde escutar isso, novas estratégias puderam ser pensadas, a fim de envolver com o cuidado dos filhos aquele homem, que não os registrava por temer ser detido no cartório pela polícia, em decorrência de alguma pendência judicial que tinha. Perante esse contexto, pouco adiantava dizer que as crianças deveriam ser registradas e que esse era um direito delas. Da mesma forma, pouco adiantava dizer que Rafael deveria voltar para a escola e que cabia à mãe garantir isso. Pouco adiantava, sobretudo, por pouco considerar-se como esses problemas vão sendo produzidos, já que, hegemonicamente, busca-se nas famílias a razão para eles.

Essa é uma visão que pouco considera a família como uma instituição, isto é, efeitos de práticas sociais historicamente produzidas e que produzem e reproduzem as relações sociais, acionando certos modos de subjetivação. Uma instituição social marcada por relações de pertencimento e que introduz os sujeitos na vida organizada da sociedade, responsável por transmitir "programas de verdade", como modos de pensar, se relacionar, desejar, entender a si e o mundo (MANDELBAUM, 2008; MELLO, 2002). A família, então, é efeito do mundo, o que nos convoca a pensar como a realidade social, política, econômica e cultural produz os modos de vida dessas famílias, suas questões e seu potencial.

Se a família é efeito, podemos pensar que concepções e práticas com famílias não apenas determinam a montagem de postos de serviço e atendimento, como também produzem as próprias famílias. Produzem formas de as famílias compreenderem a si próprias e a seus problemas, se organizarem em seu cotidiano, constituírem diferentes lugares e funções para seus membros e se relacionarem entre si e com o território em que vivem. Que formas de vida, assim, concepções e práticas da assistência social vêm acionando nas famílias atendidas? Essa parece ser uma questão fundamental. Aliás, o que acionamos quando, de antemão, entendemos a família como o primeiro e mais importante núcleo de cuidado de todos nós? Teria mesmo a família que cuidar? Que invenção é essa? A serviço de que fazemos isso?

Se é no nível de cada tentativa que são julgadas a capacidade de resistência ou submissão a um controle (DELEUZE, 1992), Juliana tenta cuidar de sua família. Insiste em tentar. Não deixa as equipes entrarem em sua casa, ora ficando no portão, ora sequer atendendo à porta. Não responde o que lhe é perguntado, faz pouco caso, ameaça bater na recepcionista que a trata mal. Diante de tantos convites a uma obediência cadavérica às orientações que recebe, Juliana mantém seu olhar de desinteresse. Coça o seio com suas unhas sujas, por dentro do sutiã. E nada delicadamente, chupa os dentes que lhe restam na boca.

Referências

BRASIL. Ministério do Desenvolvimento Social e Combate à Fome. *Política Nacional de Assistência Social* – PNAS/2004 e Norma Operacional Básica – NOB/SUAS. Brasília, DF: MDS, 2005.

_____. Ministério do Desenvolvimento Social e Combate à Fome. *Orientações técnicas sobre o PAIF*: o Serviço de Proteção e Atendimento Integral – PAIF, segundo a Tipificação Nacional de Serviços Socioassistenciais. v. 1. Brasília, DF: Secretaria Nacional de Assistência Social, 2012a.

_____. Ministério do Desenvolvimento Social e Combate à Fome. *Orientações técnicas sobre o PAIF*: trabalho social com famílias do Serviço de Proteção e Atendimento Integral – PAIF. v. 2. Brasília, DF: Secretaria Nacional de Assistência Social, 2012b.

COIMBRA, C. M. B. *Guardiães da ordem*: uma viagem pelas práticas psi no Brasil do "milagre". Rio de Janeiro: Oficina do Autor, 1995.

_____. Classes perigosas: uma pequena genealogia. In: FERREIRA, G.; FONSECA, P. *Conversando em casa*. Rio de Janeiro: Sete Letras, 2000. p. 56-65.

COIMBRA, C. M. B.; AYRES, L. S. M. Da moralidade e situação irregular à violência doméstica: discursos da (in)competência. In: COIMBRA, C. M. B.; AYRES, L. S. M.; NASCIMENTO, M. L. *Pivetes*: encontros entre a psicologia e o judiciário. Curitiba: Juruá, 2010. p. 57-69.

COIMBRA, C. M. B.; NASCIMENTO, M. L. Programas compensatórios: seduções capitalistas? In: ARANTES, E. M. M.; NASCIMENTO, M. L.; FONSECA, T. M. G. (Org.). *Práticas psi inventando a vida*. Niterói: EdUFF, 2007. p. 123-132.

DELEUZE, G. *Conversações*. São Paulo: Editora 34, 1992.

DONZELOT, J. *A polícia das famílias*. Rio de Janeiro: Ed. Graal, 1980.

FOUCAULT, M. A política de saúde no século XVIII. In: _____. *Microfísica do poder*. 24. ed. Rio de Janeiro: Ed. Graal, 1979. p. 193-207.

_____. O sujeito e o poder. In: DREYFUS, H.; RABINOW, P. *Michel Foucault, uma trajetória filosófica*. Rio de Janeiro: Forense Universitária, 1995.

_____. *Em defesa da sociedade*. São Paulo: Martins Fontes, 1999.

_____. *Segurança, território, população*. São Paulo: Martins Fontes, 2008a.

_____. *Nascimento da biopolítica*. São Paulo: Martins Fontes, 2008b.

GUATTARI, F.; ROLNIK, S. *Micropolítica*: cartografias do desejo. 7. ed. Petropolis: Vozes, 2005.

HILLESHEIM, B.; CRUZ, L. R. Risco, vulnerabilidade e infância: algumas aproximações. In: CRUZ, L. R.; GUARESCHI, N. (Org.). *Políticas públicas e assistência social*: diálogo com as práticas psicológicas. 5. ed. Petrópolis: Vozes, 2014. p. 70-85.

HORKHEIMER, M.; ADORNO, T. W. Família. In: _____. *Temas básicos de sociologia*. São Paulo: Cultrix, 1973.

KALOUSTIAN, S. M. (Org.). *Família brasileira, a base de tudo*. 10. ed. São Paulo: Cortez; Brasília, DF: Unicef, 2011.

LOPES, M. C. Políticas de inclusão e governamentalidade. *Educação & Realidade*, v. 34, n. 2, p. 153-169, 2009.

MANDELBAUM, B. *Psicanálise da família*. São Paulo: Casa do Psicólogo, 2008.

MELLO, S. L. Família, uma incógnita familiar. In: AGOSTINHO, M. L.; SANCHEZ, T. M. (Org.). *Família*: conflitos, reflexões e intervenções. São Paulo: Casa do Psicólogo, 2002. p. 15-25.

MIOTO, R. C. T.; CAMPOS, M. S. Política de Assistência Social e a posição da família na política social brasileira. *Ser Social*, n. 12, p. 165-190, 2003.

SARAIVA, L. F. O. Olhares em foco: tensionando silenciamentos. In: SOUZA, B. P. (Org.). *Orientação à queixa escolar*. 2. ed. São Paulo: Casa do Psicólogo, 2010. p. 59-78.

_____. *A familiarização da assistência social*: promoção de direitos e gestão da vida no encontro entre vulnerabilidades, (des)proteção e periculosidade. 2016. 209 f. Tese (Doutorado) – Instituto de Psicologia, Universidade de São Paulo, São Paulo, 2016.

SARTI, C. A. *A família como espelho*: um estudo sobre a moral dos pobres. São Paulo: Cortez, 2003.

SILVA JUNIOR, N. G. S.; GARCIA, R. M. Moncorvo Filho e algumas histórias do Instituto de Proteção e Assistência à Infância. *Estudos e Pesquisas em Psicologia*, Rio de Janeiro, ano 10, n. 2, p. 613-632, 2010. Disponível em: <http://www.revispsi.uerj.br/v10n2/artigos/pdf/v10n2a19.pdf>. Acesso em: 3 set. 2015.

SPOSATI, A. Desafios para fazer avançar a política de assistência social no Brasil. *Serviço Social e Sociedade*, ano XXII, n. 68, p. 54-82, nov. 2001.

TEIXEIRA, S. M. A família na trajetória do sistema de proteção social brasileiro: do enfoque difuso à centralidade na política de Assistência Social. *Emancipação*, Ponta Grossa, v. 10, n. 2, p. 535-249, 2010.

TOROSSIAN, S. D.; RIVERO, N. E. Políticas públicas e modos de viver: a produção de sentidos sobre a vulnerabilidade. In: CRUZ, L. R.; GUARESCHI, N. (Org.). *Políticas públicas e assistência social*: diálogo com as práticas psicológicas. 5. ed. Petrópolis: Vozes, 2009. p. 56-69.

WADSWORTH, J. E. Moncorvo Filho e o problema da infância: modelos institucionais e ideológicos da assistência à infância no Brasil. *Revista Brasileira de História*, São Paulo, v. 19, n. 37, set. 1999. Não paginado. Disponível em: <http://www.scielo.br/scielo.php?script=sci_arttext&pid=S010201881999000100006&l ng=en&nrm=iso>. Acesso em: 1 set. 2015.

3. De como o que é sólido se desmanchou no ar: do ressurgir ao ruir do território nas práticas socioassistenciais

Márcio Dionizio Inácio[1]

O conteúdo que será desenvolvido ao longo das páginas que seguem tomará o território como ponto central. O principal objetivo é situar esta temática nas reflexões e práticas estabelecidas no espaço da política de assistência social. Após traçar um breve panorama sobre o tema, continuaremos desenvolvendo a reflexão no sentido de questionar como o território é considerado no atual cenário das políticas públicas e em que sentido pode também se converter em uma ferramenta no processo de dominação como parte das forças que visam controlar a vida das pessoas. Por fim, se apontarão algumas possibilidades que acenam como rotas de fuga em tensão permanente com a tentativa de se gerir a vida.

Para isso, me utilizarei do pensamento de Agamben (2010), que considera que

> *É como se, a partir de um certo ponto, todo evento político decisivo tivesse sempre uma dupla face: os espaços, as liberdades e os direitos que os indivíduos adquirem no seu conflito com os poderes*

---

1   Mestre em Psicologia Social pelo Instituto de Psicologia da Universidade de São Paulo (IPUSP) (marcio.dionizio.inacio@gmail.com).

centrais simultaneamente preparam, a cada vez, uma tácita porém crescente inscrição de suas vidas na ordem estatal, oferecendo assim uma nova e mais temível instância ao poder soberano do qual desejaram liberar-se (p. 118).

É preciso pontuar que meu interesse em estudar o território como possibilidades a serem consideradas nas práticas em políticas públicas, como é o caso da assistência social, surgiu de necessidades que emergiram em campo. Destaco que, em minha formação como psicólogo, apesar de refletirmos sobre a psicologia social e comunitária, parecia haver um grande hiato entre o que se estudava e a prática. Quando comecei a trabalhar no contexto da periferia e me senti desafiado a abandonar a segurança dos espaços protegidos das instituições, uma vez que se esperava que a demanda batesse à porta (algo que talvez ainda se espere), eu não sabia muito bem o que fazer. Daí, entre erros, acertos e releituras, o tema tornou-se preponderante para minha prática, culminando com a realização de minha dissertação de mestrado (INÁCIO, 2014), que servirá de plataforma para as análises aqui pretendidas.

Muito além das próprias necessidades que tive ao trabalhar na área da assistência social como psicólogo, é certo que o tema território e assistência social está dentro de um relevante processo em andamento nos últimos anos: o fato de que é cada vez mais presente no cotidiano das pessoas, em seu território, o crescente número de profissionais que passam a compor equipes na execução e prestação de serviços públicos territorializados.[2] Neste quadro, assistentes sociais e psicólogos são maioria.

Por considerar a assistência social como a principal política pública em questão neste artigo, vale definir que ela teve sua recepção como direito na Constituição de 1988 (artigos 203 e 204) (BRASIL, 1988), e que foi posteriormente regulamentada pela Lei Orgânica da Assistência Social (Loas) (BRASIL, 1993). A assistência social, conforme disciplina esta lei, no seu primeiro artigo, tem como caráter, prover os mínimos sociais, visando garantir o atendimento

---

2   Iniciei minha trajetória profissional como psicólogo, na assistência social, em 2001, sendo que parte significativa da minha experiência se deu na periferia de São Paulo (região do Jardim Ângela), no terceiro setor. As relações entre território, pobreza e violência estiveram presentes em muitos aspectos dos trabalhos que realizei.

às necessidades básicas da população, e compõe a seguridade social, junto com a saúde e a previdência social.

Como ponto de partida, faz-se necessário situar um pouco os sentidos de território neste trabalho, dada a diversidade de significados que se atribuem a ele. Considero muito caro para o estudo do presente tema o seu indissociável caráter objetivo e subjetivo.

O território e suas vicissitudes

Seria difícil falar de território sem considerar as reflexões que Milton Santos (2007) fez a respeito do tema. Para ele, os territórios são vivos e constituem-se como espaço de cidadania ativa. Ele ajudou a deslocar uma visão que se restringia a mapas, para uma compreensão do território como aquilo que resulta da ação humana em espaços ocupados e significados por seus habitantes.

> *É claro que essa ação humana está carregada de contradições e não se dá em igualdade de condições e livre de tensões; pelo contrário, no território é que se evidenciam as diferenças e desigualdades. Koga (2003), inspirada na concepção de Milton Santos, considera que: O território também representa o chão do exercício da cidadania, pois cidadania significa vida ativa no território, onde se concretizam as relações sociais, as relações de vizinhança e solidariedade, as relações de poder. É no território que as desigualdades sociais tornam-se evidentes entre os cidadãos, as condições de vida entre os moradores de uma mesma cidade mostram-se diferenciadas, a presença/ausência dos serviços públicos se faz sentir e a qualidade destes mesmos serviços apresentam-se desiguais (p. 33).*

Desta forma, vale destacar a importância desse olhar, que considera as contradições e desigualdades sobre o território, principalmente ao se considerar a permanente inter-relação entre o espaço e as pessoas, como pontua Dirce Koga (2003):

> *O uso do território pelos sujeitos e a relação entre território e a população aparecem de forma clara e contundente nas reflexões de Milton Santos, trazendo um parâmetro importante para a busca de uma conceituação. Ou seja, a noção de território se constrói a partir das relações entre o território e as pessoas que dele se utilizam. Esta indivisibilidade hoje se mostra como uma particularidade extremamente fecunda quando observamos a intensa dinâmica das populações no território (p. 35).*

Assim, vale reforçar que o território não se caracteriza e tem um fim em si por meio de mapas ou cartas, mas pelo contrário, ganha significado a partir da ação humana que se dá nele. O que leva Koga (2003) a reforçar: "faz-se necessário manter o diálogo sobre o tema com Milton Santos, para quem o território em si não é um conceito e sim, vale a pena insistir, o seu uso" (p. 35). Em outras palavras; é o lugar da vida, da cidadania, das relações cotidianas entre as pessoas. Essa situação do território ser mais que um simples mapa ficou mais clara para mim quando presenciei um incêndio em meio ao trabalho de campo como pesquisador em uma região vulnerável da Zona Sul da cidade de São Paulo.

> *Assim, quando dei por mim, estava ajudando os bombeiros a se localizarem no território por meio de meu aparelho de telefone móvel e cobrando agilidade no combate às chamas que consumiam a casa de uma família que tem sete ou oito crianças. Naquele dia, puxei mangueiras, ajudei pessoas a subirem e descerem escadas, joguei baldes de água em chamas e me consumi diante do que presenciei. Senti também grande repulsa ao ver a expressão dos bombeiros quando se depararam com o incêndio dentro da favela – como se fosse um lugar de menor importância, onde um fato estava roubando deles um precioso tempo a ser gasto em outras circunstâncias (INÁCIO, 2014, p. 63).*

Quando se olha para o mapa dessa região, se vê uma imensa mancha verde, como se fosse uma área de mananciais repleta de vegetação, sem a presença de moradias e pessoas.[3] Pior ainda é que, em alguns guias de ruas da cidade e sistemas de georreferenciamento da época, também não se localizavam as ruas e casas da ocupação. Ou seja, os mapas não retratavam o lugar.

Percebemos que a situação demonstra, em um primeiro momento, que se atribui aos moradores de territórios com maior vulnerabilidade o valor de ser menos, de ter uma importância menor em comparação com outros territórios da cidade. Mas essa situação também revela o quanto o reconhecimento de determinados lugares ainda passa por constar ou não em mapas, desconsiderando-se a vida e as relações nesses espaços. Na situação rememorada, uma casa foi totalmente consumida pelo fogo e uma criança teve boa parte do corpo queimado, o que não demoveu os bombeiros de demonstrarem impaciência diante do local e das pessoas que ali vivem. Eis uma cínica reificação do território.

Dentro deste aspecto, o conceito de territorialidade vai ocupar um importante lugar nesta reflexão, à medida que revela significados que se vão atribuindo e dando força ao tema, pois pode-se dizer dela que "a apropriação do território diz respeito ao aspecto interventivo realizado pelos homens, criando e recriando significados em torno dessa apropriação cotidiana" (KOGA, 2003, p. 38).

Merece destaque a transformação do próprio conceito de território, ao passo que se assume a perspectiva de que ele é o seu uso, conferindo ao espaço um caráter subjetivo, vinculado aos significados que seus habitantes vão lhe atribuindo:

> *Esse território que expande sua definição para além dos limites geográficos alcançando as gamas de relações nas suas formas objetivas e subjetivas, de vida individual e coletiva, literalmente ganha espaço à medida que se complexifica e faz voltar a reflexão*

---

3   A pesquisa se deu em uma ocupação que está localizada no extremo da Zona Sul da cidade de São Paulo: Chácara Bananal. O Bananal, como é mais conhecido o bairro, faz parte da subprefeitura de M'Boi Mirim, região que tem aproximadamente 300 mil habitantes (segundo o último censo demográfico). Até a década de 1990, a região ficou marcada pelo alto índice de violência, chegando a ser classificada como a região mais perigosa do mundo, considerando-se o elevado índice de homicídios da época.

> *sobre a comunidade. Em contextos de fortes desigualdades sociais, de tendências à focalização cada vez mais presentes nas propostas de políticas sociais, o território representa uma forma de fazer valer as diferenças sociais, culturais que também deveriam ser consideradas nos desenhos das políticas públicas locais (KOGA, 2003, p. 52).*

Reafirmando a relevância da concepção de lugar como espaço de vida a partir de seu uso, é notório que o território passou a ser considerado na construção das políticas públicas, principalmente da assistência social. Neste contexto, podemos citar, por exemplo, a Norma Operacional Básica (NOB Suas), que busca operacionalizar a Política Nacional de Assistência Social, de 2004 (BRASIL, 2005), também incorporando a dimensão territorial como determinante para a sua execução. Tal cenário colocou o tema na ordem de importância, mesmo podendo ser questionadas as diferenças entre as intenções expressas nessas legislações, que aparentemente são boas e protetivas para os mais vulneráveis, e sua execução no cotidiano, que pode, muitas vezes, levar a segregações, esvaziar-se da complexidade das relações e principalmente buscar certa gestão da vida dos usuários, como podemos pensar a partir de Agamben (2010).

Pensando nesse aspecto relacional que se concretiza tendo o território como uso e aproximando esse conceito de uso com os territórios prioritários para o Sistema Único de Assistência Social (Suas) (FILGUEIRAS, 2014) – que são os lugares mais vulneráveis, que os pobres ocupam ou onde moram –, podemos ainda entender o território nos servindo da ideia de *próprio*, desenvolvida por Certeau (2008).

Para entender o conceito de *próprio* é importante mencionar o de estratégia, pois estão diretamente vinculados. Assim, estratégia é definida como "o cálculo de relações de forças que se torna possível a partir do momento em que um sujeito de querer e poder é isolável de um 'ambiente'" (CERTEAU, 2008, p. 46). Estratégia nos remete à ideia de habilidade daqueles que possuem poder nas correlações de força. Para o autor, há um lugar onde essa estratégia é gestada e de onde se pode exercê-la, um lugar que arrisco considerar como protegido no sentido de permitir que a estratégia seja mais bem exercida. Esse lugar é o que ele definiu como *próprio*.

Assim, considerando-se os territórios prioritários para as ações do Suas, ou seja, aqueles em que as possibilidades de seus moradores serem estratégicos, conforme o anteriormente exposto, são menores, visto que as populações que neles habitam são historicamente destituídas de querer e poder no sentido socioeconômico, queremos propor uma aplicação diferente dos conceitos de Certeau (2008). Assim, podemos ver os territórios mais vulneráveis como dotados da capacidade de conferir aos seus habitantes um *próprio*, ainda que essa afirmação demonstre uma aplicação diferente do conceito original, atrelado à ideia de uma ferramenta de quem tem poder e espaço para dominar.

Deste modo, entendendo aqui o território pelas possibilidades forjadas no seu uso, como uma instância capaz de empoderar, até mesmo os excluídos que dele fazem uso, em relação aos que não pertencem a ele e não sabem como acessá-lo. O território pode ser um *próprio* para os que nele vivem, ainda que aqui as operações necessárias para sobreviver mais pareçam com o conceito de tática – "um cálculo que não pode contar com um próprio e nem, portanto, com uma fronteira que distingue o outro como totalidade visível" (CERTEAU, 2008, p. 46).

Na prática, inúmeras operações podem ilustrar esse jeito de considerar o território como um *próprio*: podemos citar, como exemplo, os acessos e formas de se deslocar dentro dos territórios, as expressões e maneiras de se comunicar específicas, os lugares de sociabilidades, dentre outros – aspectos que conferem ao território uma condição de lugar estratégico para quem pertence a ele e, muitas vezes, de insegurança para os que são de fora (INÁCIO, 2014).

Por fim, Romagnoli (2014), com base na esquizoanálise, afirma que "o território emerge como um eterno fazer-se e desfazer-se, compondo um rizoma, uma rede de relações, que se autoproduz por agenciamentos com os mais variados elementos da realidade, aos quais se conecta e reconecta a todo instante" (p. 128). Algo que aponta para seu caráter sempre relacional, marcado pelas relações das pessoas com os recursos naturais, com os serviços públicos, com as construções, com sua história de vida, valores, crenças etc.

Assim, o território é um lugar concreto. Espaço ocupado por gente com todas as contradições que as relações entre as pessoas ensejam, mas é também um espaço de significados, de sentimentos e construções afetivas. O território está marcado por essa amálgama constituída pelo lugar concreto e suas subjetivações atribuídas pelos sujeitos.

Ao se observar o quanto o conceito de território é carregado de complexidades e possibilidades, penso que sua concepção e aplicação nas políticas públicas se dá de formas diferentes e contraditórias, sendo que em alguns casos, há quase uma inversão do conceito em sua aplicabilidade, conforme discutiremos a seguir.

As transformações do território

Em 1987, quando Milton Santos escreveu o livro *O espaço do cidadão* (SANTOS, 2007), ele anunciou, logo no prefácio da obra, o desejo de "tratar a cidadania pelo ângulo geográfico" (p. 12). E parece claro e óbvio, à luz desse desejo, que não há cidadania sem pessoas, sem territórios e sem as relações que daí resultam. Para ele, a cidadania se constitui da combinação entre cultura e território.

Ocorre que a dimensão territorial ganhou importância ao longo do tempo, à proporção que passou a ser considerada na constituição das políticas públicas, que, *grosso modo*, têm a ver com a forma como o Estado deveria dar corpo aos direitos de cidadania. Filgueiras (2014), ao escrever sobre essa intenção nas políticas públicas, as define, com base no pensamento de Michel Autés, como um tipo de território que é conceituado como imaterial, isto é,

> *aquele que diz respeito à intencionalidade da política pública, ao modo como a realidade é entendida nela e o que se pretende por meio dela. Imaterial porque se refere ao terreno dos ideais e dos fundamentos, dos discursos e das diretrizes da política pública (p. 87).*

Fica evidente que, à medida que se reconhece a importância do território, há uma intenção ao incorporá-lo na elaboração e na execução das ações do poder público. A autora faz crítica a essa intenção do poder público quando avança para outro tipo de território que ela considera dentro do Suas: a territorialização do imaterial. Territorialização do imaterial que ocorre quando aquela intenção é posta em prática. A crítica se dá no sentido de que aquilo que está nas intenções anunciadas no território imaterial, quando se territorializa, em geral ocorre de forma precária, incompleta, lacunar; seja na forma como a política se transforma na relação com os usuários, seja nas péssimas condições para a execução daquilo que se esperava realizar. O que serve para pensar que há outras intenções, menos declaradas e mais subjacentes por parte de quem define essas políticas.

Assim, em muitas situações, essas políticas não se concretizam como o que foi pensado no campo das intenções, ou seja, como práticas em uma perspectiva emancipatória e singular que se preconizava serem conferidos no plano territorial. É possível, inclusive, ponderar sobre o quanto a efetivação dessas políticas pode não ter se constituído como uma cidadania a partir do território, pelo contrário, é possível se questionar o quanto, em certa medida, podem ter se convertido em objeto de controle das pessoas, o que é contrário à emancipação e à autonomia, que são parte da vida sociopolítica dos cidadãos no seu espaço de vida. O Estado, no fim das contas, não vislumbra essa emancipação, apenas propala esse desejo, mas, no fundo, comparece com práticas antagônicas.

Daí, o território, que deveria ser considerado a partir de seu uso e da multiplicidade de relações presentes nele, frequentemente, passa a ser considerado a partir da ação de instalar fisicamente postos de serviço em determinados pontos de sua extensão – instalação de postos de serviços que, muitas vezes, ocorre sem partir de um diagnóstico da realidade e das necessidades locais, assim como instalações de postos de serviços realizadas a partir de uma lógica que tenta se colocar como centro do território, como lugar ao qual as pessoas devem recorrer. Conformando, deste modo, relações de dependência, limitadas com a totalidade do espaço, com a história de vida das famílias e com outros órgãos de serviço público que compareçam no mesmo território. O que se deu, de fato, em muitos os casos, foi a mera aplicação da aproximação espacial do serviço com os territórios, que, conforme Filgueiras (2014) pontua, assemelha-se a uma solução mágica, pela qual a simples proximidade espacial parece resolver as questões e promover a compreensão de todas as dimensões do lugar em que se instalam.

E aqui vale a pena trazer novamente e situar as diferenças de contextos entre a realidade do momento histórico de Milton Santos e o momento atual.

O território, compreendido como espaço vivido, contraditoriamente naquele momento (período de redemocratização legal do Brasil), se caracterizava como espaço sem cidadania, no sentido do não comparecimento do Estado a partir da oferta de serviços e acesso a direitos. Diferentemente do momento histórico de Milton Santos, nos vemos diante da atual diversidade de equipamentos e órgãos de serviço instalados nos territórios, inclusive nos espaços periféricos, nas zonas de exclusão presentes nos centros das cidades e, até mesmo, em municípios pequenos e predominantemente rurais.

O que se pode refletir é que aquele espaço sem cidadania, que se definia pela falta de presença do Estado, parece vir se transformando, a partir de uma maior oferta de serviços, em outro espaço, cujo resultado, curiosamente, também parece ser a falta de cidadania. Isso se deu porque a progressiva presença e ocupação dos espaços pelo Estado, com ofertas de serviços públicos, que tinha sua intenção imaterial de promover a autonomia e a emancipação, algo presente no discurso do Estado, resultou também em seu contrário, pois essa ocupação do espaço se converteu em práticas de controle dos cidadãos, podendo estabelecer uma vigilância permanente destes. Assim, as contradições sociais não deixam de comparecer nas relações e na própria estrutura territorial:

> *A articulação de dinâmicas espaço-temporais permite a estruturação espacial de forma a refletir necessidades de reprodução das condições de acumulação. Nessa linha, podemos afirmar que são expressas no espaço, a partir de investimentos estatais em políticas públicas, marcas contraditórias das disputas entre as classes "sociais". Nossa compreensão partilha da percepção que tais expressões da luta de classes incidem sobre formas dinâmicas de ordenamento espacial, ressignificando espaços em "territórios" (PEREIRA, 2010, p. 192).*

A proposta de Milton Santos, vale reforçar, partia de uma expectativa de que a cidadania pudesse ser territorializada, na condição de que os direitos sociais pudessem ser acessados localmente – algo que fala da presença do poder público nos mais diversos espaços, ao alcance da população. Mas, diante disso, uma série de contrapontos podem ser levantados, considerando-se o momento presente: primeiro; é claro que ninguém é contra a oferta de serviços públicos, principalmente nas regiões que mais precisam deles, mas é fato que nem sempre o acesso a esses serviços garante direitos.

O segundo aspecto desdobra o primeiro, ou seja, não faz sentido, ou deixa de ser direito uma oferta parcial de acessos a programas ou benefícios, vinculados a condições ou contrapartidas para serem mantidos (ter que participar de reuniões, comprovar que filhos vão à escola ou que as crianças estão com as vacinas em dia, dentre outras tantas práticas usuais dos serviços e programas socioassistenciais), o que coloca muito do que é feito nas políticas públicas em geral em xeque, principalmente quando essas políticas estão acompanhadas da velha ideologia de que um direito requer um dever. Novamente comparece aqui uma regulação da vida, colocando as pessoas dentro de parâmetros de controle, sem, muitas vezes, se questionar qual a qualidade daquilo que é ofertado, por exemplo, em escolas ou postos de saúde ou outros serviços que surgem com imperativos de participação.

Esse quadro faz com que, frequentemente, essas "condicionalidades" sejam descumpridas por parte dos "beneficiários" desses programas. Daí surge um terceiro contraponto; a presença do Estado por meio de equipamentos, que ofertam serviços nessas lógicas disciplinantes, pelo simples fato de injetar uma presença hegemonicamente vigilante do Poder Público nesses lugares, não satisfaz o real acesso a direitos, pois, em geral, ofertam práticas controladoras, muitas vezes, desvinculadas da realidade da população. O que resta desses contrapontos é uma questão: Qual a permanência e a constância da ótica dos direitos no território de vida perante uma iminente prática controladora por um lado e desregulamentadora por outro?

Para nós, vai se tornando evidente que a lógica dos serviços públicos nos territórios pode intensificar e legitimar as contradições sociais.

> *Ainda hoje observa-se este traço cultural no campo das próprias práticas de assistência social, sejam elas realizadas pelas instituições privadas (chamadas entidades sociais) ou governamentais, cujos serviços prestados aparentam justamente o favor e não o direito de quem deles são usuários. E não somente no campo da assistência social, mas poderia se tomar como base diferentes serviços prestados*

> *nos campos de outras políticas sociais, como da saúde e educação: ser atendido seja para uma vaga na escola ou em uma fila de pronto-socorro passa a ser um privilégio em meio a tantos que não conseguem obter atendimento (KOGA, 2003, p. 43).*

A presença dos serviços públicos que invertem a lógica territorial é permeada de sutilezas que, geralmente, levam a outro uso do território, que intensifica as contradições sociais. Não são poucos os instrumentos que se utilizam para legitimar e dar corpo a esse outro uso do território. Podemos mencionar o Cadastro Único para Programas Sociais (CAD Único), como exemplo de como se estabelecem essas práticas.

O cadastro, que foi adotado no Suas como forma de registrar e documentar o acesso do cidadão à política de assistência social, surgiu como um importante instrumental, capaz de detectar algumas vulnerabilidades sociais das populações atendidas e, é claro, ajudar os executores da política pública a adotar medidas para minimizar os efeitos dessas vulnerabilidades na vida das pessoas por elas atingidas.

O Cadastro Único é um formulário, preenchido prioritariamente nos Centros de Referência em Assistência Social (Cras). Ele foi criado como forma de detectar as seis dimensões das condições de vida que compõem o Índice de Desenvolvimento Familiar (IDF): *a*) ausência de vulnerabilidade; *b*) acesso ao conhecimento; *c*) acesso ao trabalho; *d*) disponibilidade de recursos; *e*) desenvolvimento infantil; e *f*) condições habitacionais (BARROS; CARVALHO; FRANCO, 2003). Constitui-se como um instrumento multidimensional de levantamentos de demandas e leitura da realidade a partir das condições de vida das pessoas, que, é claro, está absolutamente vinculada à relação com o uso do território. Nele, são coletados diversos dados dos usuários da assistência social, que são registrados e organizados, tendo como base a família atual dos atendidos, composta pelas pessoas que moram na mesma casa e que caracterizam categorias dessas dimensões das condições de vida. Dentre os dados coletados, constam identificação de cada membro, escolaridade, acesso a políticas públicas e oferta de serviços e renda, dentre outros.

Nesse sentido, essa base de dados poderia ajudar na compreensão do território, levando à oferta de serviços ou à implementação de ações de enfrentamento de vulnerabilidades, a partir de um diagnóstico condizente com o contexto das pessoas que dele participam, não prescindindo, é claro, de aprofundamentos no levantamento desses dados por meio de atendimentos aos usuários e uma melhor leitura das vulnerabilidades que são apontadas a partir desse instrumental, partindo do particular para o coletivo dos recortes territoriais.

Acontece que muitos instrumentais, como é o caso do CAD Único, perdem sua complexidade quando são utilizados como meros formulários que parecem muito mais servir para vasculhar a vida daqueles que tentam acessar a política de assistência, ao contrário de constituir um instrumento legítimo de compreensão dos sujeitos a partir de suas singularidades. Ao que frequentemente parece, eles insinuam uma possível inclusão na vida, monitoram e geram expectativas, depois medem a pobreza dentro de critérios aparentemente rígidos, de alta complexidade, mas que resultam em quase nada, em muitos os casos, incluem poucos e impõem condicionalidades para acessar direitos, como se direitos fossem regulados ou transmutados em condições. Como resultado, equiparam-se muito mais a práticas e relações de consumo e constroem mecanismos de focalização da pobreza, o que parece ser a contramão da universalização dos direitos.

> *Nesse universo de precariedade, o direito transforma-se em mérito e exceção. Poder-se-ia perguntar aqui se a tendência a focalismo das políticas públicas no sentido de segmentar cada vez mais seu público-alvo não estaria reforçando este estigma de direito transformado em exceção, já que ao incluir determinada população, automaticamente exclui outras. A universalidade dos direitos encontra-se cada vez mais longe de ser factível (KOGA, 2003, p. 43).*

O que era um instrumental para detectar as vulnerabilidades e construir alternativas para o enfrentamento acaba ajudando na segregação da população. Em certa medida, para dar conta de recursos cada vez mais escassos, opera-se uma focalização dessa pobreza, diferenciando vulneráveis de mais vulneráveis, conforme a gravidade, produzindo-se uma especialidade na atenção às demandas que são elencadas, cada vez mais, a partir do mínimo possível para garantir a subsistência.

Quando se utilizam instrumentos com a capacidade multidimensional apenas como forma de medição e priorização daquilo que se aponta como mais grave, perde-se a riqueza de tantas dimensões e fica-se na crueza dos dados, como se tudo pudesse ser uniformizado a partir de critérios, *a priori*, definidos como prioritários. Como consequência, há uma especialização em torno da pobreza, especialização que diz pouco dos pobres e muito mais daqueles que falam sobre os pobres. E, nesse sentido, fala-se deles sempre como sujeitos faltantes, seja de renda, de acessos, de "cultura" e uma infinidade de "carências" que uma visão fora do contexto e do território tece sobre aqueles que sempre pensam precisar incluir (SARTI, 2007). As intervenções focalizadas agravam a tensão nos espaços, uma vez que estabelecem acesso para alguns dentro de margens difíceis de estabelecer no limite de territórios tão vulneráveis, fortalecendo o isolamento e a segregação de grupos que são eleitos como prioritários: "A percepção do espaço é parcial, truncada e, ao mesmo tempo em que o espaço se mundializa, ele nos parece como um espaço fragmentado" (SANTOS, 2007, p. 79).

O efeito é a fragmentação do uso do espaço, fazendo do espaço em si uma redução, um mínimo, uma vez que, como já se mencionou, o espaço é o seu uso. Um espaço fragmentado é um espaço de pessoas fragmentadas: fragmentos humanos. Admite-se assim a fragmentação dos direitos, da história, da vida etc. Apesar disso, pode-se dizer que temos bons mapeamentos, que ajudam a estabelecer um olhar mais ampliado de realidades complexas. Por outro lado, uma questão interessante nos mapeamentos, e talvez crítica, é o seu caráter mais universalizante. Tomando como questão a perspectiva das escalas, que, no caso mais correntemente aplicado na consecução das políticas públicas, acaba por compreender os fenômenos a certa distância, mas deixa escapar especificidades que só podem ser captadas por um olhar e uma escuta mais aproximada, pondera-se que:

> *A compreensão das tramas que se tecem no cotidiano pode revelar um mundo desconhecido pelos diagnósticos normais de apreensão da realidade; nuanças que os dados objetivos não costumam*

prever em seus questionários. A trama da exclusão/inclusão social também passa por este caminho, onde a organização interna do "pedaço" tem seu significado para as populações que ali residem, que por ali transitam (KOGA, 2003, p. 53).

Esse olhar mais distante, mais universalizante e que torna os fenômenos mais homogêneos, na perspectiva de tratá-los a partir de escalas ampliadas, naturalmente perde a capacidade de captar fenômenos menores, movimentos mais sutis nos territórios.

Retomando a questão da ocupação dos territórios com equipamentos e serviços públicos, é curioso constatar que se apostou simplesmente na oferta dos serviços públicos – cuja necessidade não está em discussão aqui – como o remédio para a questão social, sem muitas vezes se considerar as especificidades locais, tomando como parâmetro esses diagnósticos maiores e que embasam ações programáticas de grande escala das gestões públicas. Acabou-se por oferecer soluções generalizadas que equalizam as realidades como se elas fossem equalizáveis. Por outro lado, como foi dito ao longo do texto, há uma revalorização do território, uma produção de dados a partir do local em que eles surgem, mas que são transformados em escalas lidas e pensadas em uma lógica que subverte sua origem, mantendo o já conhecido fluxo de execução das políticas públicas que parte do centro para as periferias, como em geral é o caso na assistência social:

> *Nesse contexto nada simples, os desafios enfrentados pela política nacional de assistência social para afirmar-se como política pública de cidadania necessitam levar em conta que territorializar não significa, "automaticamente", universalizar, democratizar, contribuir para o enfrentamento das desigualdades e, por fim, assegurar direitos (PEREIRA, 2010, p. 195).*

A prática que resulta da aplicação de uma leitura de grande escala dos fenômenos do território corre o risco de prescindir da aproximação, da escuta, do contato e, principalmente, da participação dos moradores dos territórios na construção da política pública. E, nessa perspectiva, não é difícil afirmar que em alguns casos faltou participação no processo de implantação e execução da política nacional de assistência social nos mais diferentes contextos em que ela tem entrada:

> *A relevância de consolidar processos participativos, na perspectiva do fortalecimento de esferas públicas de controle social sobre destinos, rumos e perfis da política pública, coloca-se como estratégia para a disputa do sentido de território e a ruptura com a dimensão tutelar da assistência social. De forma bastante diferente da saúde, o processo de constituição do SUAS pouco envolveu usuários/as, sendo este até hoje uma difícil lacuna a ser enfrentada (PEREIRA, 2010, p. 195).*

Mais interessante é perceber que se tenta, por vias institucionais, fomentar a participação. A forma mais consolidada para isso, na política de assistência social, são as conferências públicas. Porém, ao que parecem, elas ainda são instrumentos frágeis dessa participação e correm grandes riscos de cooptação, sendo palco de forças políticas oficiais nos diversos municípios em que ocorrem. Não são raras as tentativas de intervenções, seja no resultado ou na escolha de delegados, por parte de vereadores, prefeitos, bem como de lideranças partidárias e comunitárias, durante essas conferências, conforme pude observar em algumas das quais participei ou a partir de relatos que ouvi de diferentes lugares, sobre esse problema.

Por tudo isso, considerando-se a dimensão territorial do trabalho socioassitencial, podemos falar sobre uma desregulamentação das práticas e, até mesmo, sobre uma desterritorialização, pois, cada vez mais, se torna claro que há algo mais sutil que se traduz na vida dos territórios e que escapa nas atuações cotidianas. Os trabalhadores das políticas públicas não estão livres dessa desterritorialização da prática, principalmente no que tange às condições de trabalho nos diferentes lugares em que ela acontece.

Assim, o dia a dia na tentativa de dar corpo ao trabalho no território vai se revestindo de precarizações, que nos surpreendem em diferentes níveis e contextos:

A repetição do sofrimento das famílias em sua vulnerabilidade, a precarização da vida na violência doméstica com seus circuitos reprodutivos, a cristalização dos técnicos em seus lugares e em suas formações, a sensação de incapacidade que muitas das vezes circula não só entre os usuários, mas também entre a própria equipe, as relações de poder entre as profissões reproduzindo rivalidades entre os agentes e com os usuários, a falta de infraestrutura material, a ausência de condições socioinstitucionais para a realização do serviço, dentre outras, são exemplos das formas, dos modelos e estratos que resultam da operação de territorialização (ROMAGNOLI, 2014, p. 129).

O que sobra e vai além das relações institucionais e de toda a precarização é a vida nesses espaços. Assim, talvez seja importante pensar quais rotas de fuga são forjadas diante desse processo de dominação e inversão do território.

Quais as saídas, as rotas de fuga?

O que vai se tornando patente ao longo das reflexões é a necessidade de redescobrir e atualizar as concepções e práticas territoriais, em que pese o risco, sempre presente, da cooptação e do uso do território como estratégia para a dominação e controle. O redescobrir requer o esforço de se recolocar a vida no centro do território, não como estatística ou dado, mas como aquela que se sociabiliza e forja saídas não pensadas, não previsíveis. O atualizar requer outro movimento, o movimento necessário de deslocar os centros de concepção das políticas públicas; os territórios, em suas singularidades, merecem considerações singulares no enfrentamento de suas questões.

Pensando em uma perspectiva que se aproxima dos fenômenos nos territórios, como contraponto, lançamos uma perspectiva de aproximar a escala por meio de alguns conhecimentos oriundos da antropologia urbana. Valemo-nos de uma variedade de posições firmadas pelo antropólogo José Guilherme Cantor Magnani (2002). De modo particular, assumimos a postura de uma análise que se pode fazer, tendo como referência o que ele nomeia como "de perto e de dentro". Para o autor, compreender uma realidade nessa perspectiva requer o uso da etnografia, de um fazer que é próximo do cotidiano das pessoas e dentro da realidade por elas vivida. Desse modo, a realidade passa a ser compreendida em sua sutileza, o que se consegue quando se experimenta uma proximidade. Essa aproximação permite que se façam leituras densas e ricas da realidade. Densas no sentido de tomar dela o máximo da complexidade e dos significados possíveis de se compreender. Permite-se assim que, aos poucos, se vá captando regularidades e desenhando traços que ajudam a caracterizar e compreender o território (GEERTZ, 1989; BOURDIEU, 2003).

De modo particular, vale a pena partilhar alguns aspectos de uma etnografia que realizei (INÁCIO, 2014). Ela me valeu aquilo que considero um salto para a ideia da postura etnográfica. Proponho um fazer que considere a permanência, o contato, os vínculos com as pessoas, como forma de dar voz às realidades que frequentemente parecem inexprimíveis. Considero de muita importância poder narrar um pouco essa estada em campo, revelando o quanto que ela oferece possibilidades que emergem do contato com as pessoas em seu espaço (MAGNANI, 2003), a importância do imprevisível para construir reflexões, avanços e, principalmente, o quanto teríamos políticas públicas mais condizentes, na medida em que seus gestores pudessem fazer diagnósticos em escalas menores, com mais proximidade.

Vale um destaque para o conceito de pedaço que, segundo Magnani (2003),

> na realidade, designa aquele espaço intermediário entre o privado (a casa) e o público, onde se desenvolve uma sociabilidade básica, mais ampla que a fundada nos laços familiares, porém mais densa, significativa e estável que as relações formais e individualizadas impostas pela sociedade (p. 116).

Quando de minha inserção em campo, fazendo pesquisa etnográfica, alguns elementos se revelaram. Menciono-os como elementos que se revelaram e não como resultados. Pois perdem o caráter de resultados à medida que são frutos de uma relação dialógica no espaço vivo.

O primeiro elemento a ser destacado é a ideia de irregularidade. O lugar em que fiz a pesquisa é uma ocupação e os moradores não se sentem donos de suas casas, mas sim pessoas irregulares. Eles geralmente expressam pensamentos influenciados por elementos forjados na lógica de dominação; nesse caso, principalmente da especulação imobiliária. Tal influência faz com que, para se sentirem de fato pertencentes ao lugar em que vivem, seja necessário possuir um lote; o que só se comprova quando se possui uma escritura de imóvel que certifica que se é dono legítimo de um lote. Por outro lado, o fato de não possuírem o terreno em que moram, faz com que haja um constante medo de perderem suas casas, de serem removidos porque não são "legitimamente" donos. No geral, muitos se colocam como invasores ou irregulares, e nessa perspectiva há uma desconfortável e presente expectativa de serem removidos a qualquer instante, de terem que começar tudo de novo e em condições ainda mais precárias. Tal condição leva à aceitação de que, no lugar de irregulares, o pouco basta; não há espaço para se sentirem cidadãos de direitos. Assim, é como se qualquer coisa que vier será muito, o que leva a experimentar a ação estatal muito mais como um favor do que como um direito, ou de não se sentir tão esquecido pelo poder público: afinal, tudo é tolerável quando se é irregular.

O que perpassa para eles é muito mais que uma condição geográfica dessa irregularidade, o que se experimenta é um sentimento de irregularidade. Tal sentimento paralisa, gera um constante medo de ser removido, posto para fora. Essa irregularidade se desdobra em várias consequências e em outros sentimentos, dentre eles, há o de sentir-se com medo, assustado: o *assustamento* (INÁCIO, 2014). Este medo de ser despejado – e ser posto para fora do território – é na verdade mais uma face das condições de vida de pessoas que já não são reconhecidas como pertencentes à cidade; são irregulares na vida. É preciso pensar essa irregularidade na vida das pessoas nos diferentes territórios e em que sentido ela pode ser elemento para mediar as relações com os moradores desses espaços. Pensar o território significa pensar as possibilidades de pertencimento e como elas afetam os modos de vida e as relações estabelecidas entre as pessoas, algo que parece diretamente ligado à política de assistência social. Afinal, a irregularidade fala da produção de diferentes vulnerabilidades sociais vividas pelas pessoas: baixo acesso a política públicas e direitos sociais, pouca possibilidade de pertencimento à comunidade e à família e precarização das condições de vida, dentre outras.

Um segundo elemento diz respeito à maneira pela qual as pessoas se nomeiam no território – no caso da pesquisa realizada, sobretudo por meio de apelidos e nomes. Isso muitas vezes passa despercebido aos olhares menos atentos, mas os nomes e apelidos dão muitos significados às relações que se estabelecem. Alguns apelidos definem proximidades, fatos que marcaram, e até certa periculosidade que se atribui à pessoa apelidada. Os apelidos são indicadores da vida ativa nesses espaços e parte da chave de acesso ao território, pois o significado deles é determinante no sentido do acesso que se terá e da forma como se pode ser notado.

O próximo elemento a ser destacado é quase uma ampliação do segundo. Há, no território, uma linguagem própria, um uso de palavras e significados que tecem uma malha de sentidos no lugar. Esse movimento, em muitos momentos, é tático, no sentido de proteger as pessoas e as relações. Em outros, revela uma complexidade que é o fino de qualquer trabalho que se queira fazer, levando-se em conta as especificidades do local. Conhecer as linguagens, então, parece ser fundamental para que se combata o frequente distanciamento entre os serviços socioassistenciais, seus profissionais e a população atendida, possibilitando a criação de uma linguagem comum, compreensível, horizontal e que aproxima.

A quarta revelação advém da tática para sobreviver: fazer vistas grossas. Nos territórios, há uma seleção do que se vê e do que não se vê. Algumas coisas passam, ao lado, não porque sejam menos importantes ou porque as pessoas se acovardam. Pelo contrário, a vida se mantém por operações que se faz para se preservar. Podemos mencionar, por exemplo, as vistas grossas que se faz diante das ações violentas do tráfico e da polícia nos territórios. Fazer vistas grossas é operação cotidiana na lógica territorial e, em muitos os casos, o poder público não vai perceber os fenômenos, ou fará, também, suas vistas grossas, como é o caso de não se questionar as ligações irregulares ("gatos") de água e luz ou a existência de valas comuns para desova e ocultação de cadáveres em alguns espaços da periferia. Poderíamos perguntar a que a política de assistência social tem feito vistas grossas em suas ações nos territórios? Ao frequentemente optar por perspectivas generalizantes, como na produção de índices, o que deixa de ver?

Outro elemento fundamental presente no território e já mencionado neste trabalho é o que identifiquei como tática. A tática é a saída concreta, a objetivação das saídas forjadas na exclusão. É a força dos que não têm poder. São alternativas para superar o descaso do poder público, a invisibilidade da parte dos poderosos. Na pesquisa, elas vão desde as ligações clandestinas de água ("gatos"), até a constituição de uma agência de correios comunitária, uma vez que não há ruas oficiais e nem CEP que identifique esses logradouros. As táticas apontam possibilidades ao driblar as dificuldades cotidianas e, no âmbito da assistência social, servem para atualizar a importância de um fazer com criticidade, não se permitindo cair no engodo de se fazer vistas grossas ao papel que o Estado muitas vezes deixa de cumprir no que concerne aos direitos das populações periféricas. É importante também que se considere que uma leitura dessas táticas cotidianas permite uma melhor compreensão das pessoas que delas fazem uso e das necessidades que essas práticas apontam.

Por último, temos os imprevistos que ocorreram em campo durante a etnografia. Os imprevistos não foram só um evento na pesquisa, mas a marca da imprevisibilidade de coisas que ocorrem no dia a dia das pessoas no território, uma imprevisibilidade que é a própria vida. Tal dado é fundamental para se ter em mente a desenvoltura que se requer para sobreviver, um fazer e refazer da vida no cotidiano e que suscita escuta e acolhimento, quando se pretende se aproximar das realidades periféricas.

Reaproximando essas revelações de forma mais específica com o campo da assistência social é preciso, ainda, fazer algumas considerações. Na formulação histórica da Política Nacional de Assistência Social (BRASIL, 2004) desenvolvida em nosso país, o território sempre foi considerado como elemento imprescindível. Vale mencionar que há um processo histórico envolvido na construção de uma prática que considere o território como importante para o serviço social e, por sua vez, para a assistência social. Uma parte se deve, principalmente, ao posicionamento que se tomou diante da reflexão sobre o serviço social no contexto histórico do final da década de 1980, a partir do movimento que ficou conhecido como reconceituação do serviço social (NETTO, 2015). Movimento que fez crítica dos caminhos adotados pela profissão, e que veio a abandonar uma posição mais tecnicista, que desencadeava em uma prática voltada para a identificação de demandas, na busca por suprir grupos de necessitados, absolutamente descontextualizados e quase que naturalizados; sujeito a práticas caritativas e de controle.

Por outro lado, o território retorna ao centro com a afirmação mais crítica do serviço social, quando da adoção de um projeto ético e político, ao se propor uma leitura e uma prática perante o enfrentamento da questão social que passa a ser vista como fenômeno histórico, fruto das tensões permanentes do poder e da exploração da classe trabalhadora.

Muito se avançou nessa reflexão que vem fundamentando novas práticas, no sentido de considerar os sujeitos como detentores de direitos universais, em um contexto histórico de agravamento das precarizações oriundas da exploração da classe trabalhadora. Mas queremos convidar os leitores a voltarem o olhar para o momento atual e a refletirem quanto à chance de subsistência dessa concepção sobre território e, consequentemente, sobre política pública, principalmente na prática. E aqui quero demarcar, sem poder aprofundar, que, em muitos sentidos, isso não ocorre. Posso citar os atendimentos prestados nos Cras e Centro de Referência Especializado de Assistência Social (Creas), que frequentemente possuem caráter absolutamente fiscalizador. Situação constatável, desde o início, nesses órgãos. Podemos mencionar as acolhidas (espécie de triagem) que não só retomam práticas focalizadoras de demandas como separam miseráveis de miseráveis. Outro exemplo está nas visitas domiciliares, que geralmente são invasões à residência. Em muitos casos, se visitam famílias com objetivos pouco claros ou com uma perspectiva fiscalizadora, no sentido de recuperar demandas perdidas ou cobrar participações, considerando-se que, em poucos casos, essas incursões nas casas se dão por convite de seus moradores.

É nesse sentido que talvez se tenha perdido a concepção do território como uso (SANTOS, 2007) e talvez o território seja, hoje, utilizado pelas forças hegemônicas como cenário da atuação estratégica (CERTEAU, 2008) externas, como se elas pudessem atuar no território livre das tensões próprias da dialética que obriga e determina a existência de uma em relação à outra. E é nesse sentido que o território comparece na Política de Assistência, contextualizando as reflexões a partir de elementos apreendidos na pesquisa de campo que realizei, tendo o território como lugar de confronto e contradição entre as táticas, próprias dos subalternos; e as estratégias, daqueles que detêm o poder e a tecnologia, se apercebendo das rotas de fuga que são forjadas nesses embates.

Referências

AGAMBEN, G. *Homo sacer*: o poder soberano e a vida nua. 2. ed. Belo Horizonte: UFMG, 2010.

BARROS, R. P.; CARVALHO, M.; SAMUEL, F. O índice de desenvolvimento da família (IDF). *Texto para Discussão n. 986.* Instituto de Pesquisa Econômica Aplicada – Ipea. Rio de Janeiro, 2003. 20 p. Disponível em: <http://www.ipea.gov.br/portal/images/stories/PDFs/TDs/td_0986.pdf>. Acesso em: 25 abr. 2016.

BOURDIEU, P. Efeitos do lugar. In: _____. (Coord.). *A miséria do mundo.* 5. ed. Petrópolis: Vozes, 2003. p. 159-166.

BRASIL. Ministério do Desenvolvimento Social e Combate a Fome: Secretaria Nacional de Assistência Social. *Política Nacional de Assistência Social,* set. 2004. Disponível em: <http://www.renipac.org.br/pnas_2004.pdf>. Acesso em: 20 dez. 2015.

_____. Ministério do Desenvolvimento Social e Combate à Fome. Política Nacional de Assistência Social – PNAS/2004. *Norma Operacional Básica – NOB SUAS,* jul. 2005. Disponível em: <http://www.google.com.br/#q=nob+suas>. Acesso em: 11 abr. 2016.

_____. Lei Orgânica da Assistência Social: LOAS. Lei nº 8.742, de 7 de dezembro de 1993. Disponível em: <http://www.planalto.gov.br/ccivil 03/LEIS/L8742compilado .htm>. Acesso em: 20 dez. 2015.

BRASIL. *Constituição da República Federativa do Brasil de 1988.* Disponível em: <http://www.planalto.gov.br/ccivil_03/Constituicao/Constituicao.htm>. Acesso em: 20 dez. 2015.

CALDEIRA, T. P. do R. *Cidade de muros*: crime, segregação e cidadania em São Paulo. São Paulo: Editora 34; Edusp, 2000.

CERTEAU, M. *A invenção do cotidiano*: 1. Artes do fazer. 15. ed. Petrópolis: Vozes, 2008.

FILGUEIRAS, C. A. C. Os territórios do SUAS. In: ROMAGNOLI, R. C.; MOREIRA, M. I. C. (Org.). *O Sistema Único de Assistência Social – SUAS*:

a articulação entre psicologia e o serviço social no campo da proteção social, seus desafios e perspectivas. Curitiba: Editora CRV, 2014. p. 85-98.

FRÚGOLI JÚNIOR, H. *Centralidade em São Paulo*: trajetórias, conflitos e negociações na metrópole. São Paulo: Cortez; Edusp, 2000.

GEERTZ, C. *A interpretação das culturas*. Rio de Janeiro: LTC, 1989.

INÁCIO, M. D. *Território e vulnerabilidade*: relatos de exceções, irregularidades e táticas vividas na não-cidade. 2014. 88f. Dissertação (Mestrado em Psicologia Social) – Instituto de Psicologia, Universidade de São Paulo, São Paulo, 2014.

KOGA, D. *Medidas de cidades*: entre territórios de vida e territórios vividos. São Paulo: Cortez Editora, 2003.

MAGNANI, J. G. C. De perto e de dentro: notas para uma etnografia urbana. *Revista Brasileira de Ciências Sociais*, São Paulo, v. 14, n. 49, p. 11-29, jun. 2002.

_____. *Festa no pedaço*: cultura popular e lazer na cidade. 3. ed. São Paulo: Hucitec, 2003.

_____. A etnografia como prática e experiência. *Revista Horizontes Antropológicos*, Porto Alegre, ano 15, n. 32, p. 129-156, jul.-dez. 2009.

NETTO, J. P. *Ditadura e serviço social*: uma análise do serviço social no Brasil pós-64. 17. ed. São Paulo: Cortez Editora, 2015.

PEREIRA, T. H. Política Nacional de Assistência Social e território: enigmas do caminho. *Revista Katálysis*, Florianópolis, v. 13, n. 2, jul.-dez. 2010. Disponível em: <http://www.scielo.br/scielo.php? script=sci_arttext&pid =S141449802010000200006& Lang=pt>. Acesso em: 20 dez. 2015.

ROMAGNOLI, R. C. Acerca da noção de território no SUAS: a proposta esquizoanalítica. In: ROMAGNOLI, R. C.; MOREIRA, M. I. C. (Org.). *O Sistema Único de Assistência Social – SUAS*: a articulação entre psicologia e o serviço social no campo da proteção social, seus desafios e perspectivas. Curitiba: Editora CRV, 2014. p. 121-138.

SANTOS, M. *O espaço dividido*. São Paulo: Edusp, 2006.

_____. *O espaço do cidadão*. 7. ed. São Paulo: Edusp, 2007.

_____. *Território e sociedade*: entrevista com Milton Santos. São Paulo: Fundação Perseu Abramo, 2000.

SARTI, C. A. *A família como espelho*: um estudo sobre a moral dos pobres. 4. ed. São Paulo: Cortez, 2007.

SPOSATI, A.; KOGA, D. (Org.). *São Paulo*: sentidos territoriais e políticas sociais. São Paulo: Editora Senac, 2013.

4. "Batalha de mulheres": aspectos do mundo do trabalho no cotidiano de um Cras

Beatriz Ferraz Diniz[1]

Apresentação

A proposta deste capítulo é analisar maneiras pelas quais as temáticas referentes ao mundo do trabalho se inserem no cotidiano de um Centro de Referência de Assistência Social (Cras).[2] Para tanto, será utilizado como fonte de "dados"[3] minha experiência em uma atividade de extensão universitária, desenvolvida com o Centro de Psicologia Aplicada ao Trabalho do Instituto de Psicologia da Universidade de São Paulo (CPAT-IPUSP), realizada no período

---

1   Psicóloga do Instituto Federal de São Paulo (IFSP), Campus Boituva. Mestre em Psicologia Social pelo Instituto de Psicologia da Universidade de São Paulo (IPUSP) (beatriz.psi@ifsp.edu.br).

2   O Cras é uma unidade pública da política de assistência social, de base municipal, integrante do Sistema Único de Assistência Social (Suas), localizado em áreas com maiores índices de vulnerabilidade e risco social. É responsável pela prestação de serviços e por programas assistenciais de proteção social básica às famílias e indivíduos e pela articulação destes serviços em seu território de abrangência, dentro de uma perspectiva que se propõe a favorecer a autonomia e a cidadania por meio do desenvolvimento, da justiça e da equidade social (CREPOP, 2007).

3   Utilizo o termo entre aspas, uma vez que entendo que, em uma pesquisa qualitativa, não encontramos previamente dados prontos para serem analisados; estes, para servirem ao propósito de serem fonte de material para investigação, dependem antes de um processo de elaboração por parte do autor em cima de situações cotidianas encontradas no campo de pesquisa. A esse respeito, ver: Spink (2003) e Sato e Souza (2001).

de 2010 a 2011 em um Cras da região metropolitana de São Paulo.[4] Buscarei trazer aqui mais inquietações do que responder perguntas, problematizar práticas, em vez de apenas descrevê-las, ou, ainda, desnudar concepções subsidiariamente atuantes nos "modos de fazer" do campo da assistência social antes de tomar como pressuposto aquelas presentes nos documentos oficiais.

Tal experiência se deu inicialmente com o acompanhamento da rotina do Cras, com a participação em atendimentos individuais, grupos de acolhimento e socioeducativos, e em visitas domiciliares. Tal acompanhamento serviu de plataforma para o desenvolvimento de nossas ações: a permanência na sala de espera do Cras, onde conversávamos com as usuárias do serviço enquanto aguardavam pelo atendimento, e nossa ida a uma praça da região, onde conversávamos com homens que ali se encontravam.

Alguns estudos (MARIANO; CARLOTO, 2009, 2010; SANTOS, 2014) têm mostrado a predominância das mulheres pobres não apenas enquanto usuárias dos equipamentos da proteção social básica, mas enquanto o público--alvo das ações e dos programas sociais. Segundo Carloto e Mariano (2010), o Brasil tem adotado, nas últimas décadas, programas focalizados de combate à pobreza que têm como eixo estratégico a transferência de responsabilidades do Estado da sobrevivência das famílias às próprias unidades familiares. Nesse contexto, subsiste uma naturalização do conceito de família em que o "papel" feminino ocupa um lugar de destaque enquanto aquele que apresenta uma "vocação" para as funções de cuidado e de maternagem. Com isso, os programas sociais têm sido denominados como políticas familistas, ou seja, aquelas que visam ao fortalecimento da família a partir do exercício das "funções" femininas.

O cumprimento de condicionalidades para o recebimento de benefícios assistenciais, em destaque o Programa Bolsa Família,[5] é parte estratégica da

---

4   Projeto de extensão coordenado pela profa. dra. Leny Sato e sob a supervisão da psicóloga Tatiana Freitas Stockler das Neves, ambas do CPAT-IPUSP. Aproveito a oportunidade para agradecê-las pela indispensável e riquíssima participação nesse projeto de extensão e também para agradecer a Juliana Thomaz Batista, colega que realizou comigo esse projeto e colaborou para a escrita deste texto.

5   "O Bolsa Família é um programa federal destinado às famílias em situação de pobreza e extrema pobreza, com renda *per capita* de até R$ 154,00 mensais, que associa à transferência do benefício financeiro do acesso aos direitos sociais básicos – saúde, alimentação, educação e assistência social." Disponível em: <http://bolsafamilia.datasus.gov.br/w3c/bfa.asp>. Acesso em: 24 mar. 2016.

abordagem familista, a qual prevê não apenas a "transferência de recursos materiais, mas transmissão de um campo cultural, envolvendo hábitos, valores e comportamentos necessários à 'boa família' [...]" (CARLOTO; MARIANO, 2010, p. 457). Tais condicionalidades orbitam em torno da execução de tarefas relacionadas ao cuidado de membros da família, incluindo crianças, jovens, idosos e pessoas com deficiência, bem como a participação em grupos de ações socioeducativas e grupos de geração de trabalho e renda (MARIANO; CARLOTO, 2009).

Em minha experiência no Cras, também pude notar que a maioria das orientações dadas pelos profissionais é dirigida à população feminina, o que acaba por sobrecarregar as mulheres, uma vez que, além de cuidarem dos familiares e exercerem tarefas domésticas, trabalham para complementar os ganhos insuficientes do marido, ou, ainda, para prover o único sustento da família. Nesse contexto, era bastante comum ouvir queixas das pessoas por ter que comparecer ao Cras, seja para tentar receber algum benefício social, seja pelo fato de o benefício estar bloqueado, seja ainda para participar dos grupos socioeducativos e de geração de trabalho e renda.

Tais queixas giravam em torno do tempo e do gasto que elas despendiam do seu dia atribulado para chegar ao Cras – um tempo que elas poderiam usar para procurar um emprego ou fazer algum "bico" –, do dinheiro da condução que lhes faltava ou também de não ter onde deixar os filhos para comparecer aos atendimentos. Cláudia,[6] 31 anos, diarista, mãe de dois filhos, casada, beneficiária do Programa Bolsa Família, resume bem esses "arranjos" pela sobrevivência ao comparar o Cras a um posto de saúde público: *"vir até o Cras é que nem quando vou ao médico, não dá para marcar mais nada o dia inteiro".*

Ao notar que a mulher é a principal atriz na política de assistência social, comecei a me perguntar por onde estariam os homens e de que maneiras estariam atuando para a manutenção do núcleo familiar. Assim, em um outro projeto de extensão (DINIZ; BATISTA, 2011) em uma praça pública nas imediações do Cras, pude observar a presença predominante de homens que buscavam, por variadas formas, dar conta de sua própria vida. Formas estas

---

6   Todos os nomes citados são fictícios a fim de preservar a identidade das entrevistadas.

que passavam longe do Cras e da assistência social em geral.[7] Se o Cras é descrito como o lugar onde as mulheres fazem o cadastro do Bolsa Família, o espaço público é o *locus* privilegiado de atuação, onde os homens buscam trabalho. A assistência social é apenas um dos recursos que as famílias pobres buscam para garantir a sobrevivência diária, a saber, a forma institucionalizada de mediação entre família e Estado, na qual a mulher é a principal protagonista.

Entendo que essa questão de gênero que determina distintos lugares entre homens e mulheres nas políticas sociais é resultante, em grande parte, do que foi exposto anteriormente acerca do público-alvo das políticas familistas, mas também diz respeito a uma relação problemática entre a assistência social e o trabalho. Nos princípios e nas práticas das políticas sociais, há o predomínio do que Sato e Schmidt (2004) denominam de uma "visão utilitarista" do trabalho, ou seja, "aquilo que tem valor, não em si mesmo, mas como meio para um fim julgado bom, de qualquer ponto de vista" (LALANDE, 1999, p. 1.182 apud SATO; SCHMIDT, 2004, p. 366).

A reprodução de tal visão na assistência social, além de restringir o que é considerado trabalho (trabalho remunerado), abstrai o trabalho do contexto de vida das pessoas, contribuindo para que o desemprego e problemas relacionados à inserção no mercado laboral, sejam vistos como provas de incapacidade pessoal. Algo problemático, tendo-se em vista que há simbolicamente uma associação estabelecida entre assistência e fracasso, em uma sociedade como a nossa em que o peso de uma "ética do provedor", cujo "papel" do homem é o de prover família, ainda é significativo (CARLOTO; MARIANO, 2010). Nesse cenário, os homens acabam se afastando dos programas e projetos sociais, já que eles teriam "falhado" no cumprimento de suas responsabilidades perante o grupo familiar, restando para a mulher assumir essa função, contribuindo então para a cristalização dos papéis e desigualdades de gênero.

Para algumas escolas da Psicologia Social, o trabalho é muito mais que um meio de gerar renda, ele é o suporte, por excelência, da inscrição do indivíduo

---

7   Esse quadro de muitos homens e pouquíssimas mulheres também foi encontrado em minha dissertação de mestrado (DINIZ, 2014), realizada na Praça da Sé, região central da cidade de São Paulo.

no meio social (CASTEL, 1998), ou, ainda, "é uma forma de relação com coisas e pessoas e, por isso, forma identidades, jeitos de ser e existir num mundo compartilhado" (SATO; SCHMIDT, 2004, p. 366). O Estado, ao sobrecarregar as mulheres nos cuidados com a família e no cumprimento das condicionalidades, acaba por dificultar o acesso delas ao trabalho e, consequentemente, ao mundo público, reforçando papéis tradicionais de gênero. E mais, uma vez que se tem no país um modelo de política social cuja estratégia principal de combate à pobreza se dá por meio de programas de transferência de renda, produz-se um modo de funcionamento da assistência social em relação ao mundo do trabalho, em que as pessoas acabam mentindo sua trajetória de trabalho para conseguir ter acesso aos benefícios assistenciais, retratando um panorama não muito preciso sobre o mundo do trabalho vivido pelos usuários.

Penso que as versões contadas por parte dos usuários não têm como objetivo o oportunismo ou "tirar vantagem" (como é visto por boa parte da opinião pública e por muitos profissionais da assistência social),[8] mas trata-se de uma tática para superar um sistema limitado de seguridade social que, além de invisibilizar a luta diária dos trabalhadores pobres, responsabiliza (material e simbolicamente) os pobres pela manutenção da família. É necessário "mentir" sobre sua renda mensal não apenas porque o rendimento do trabalho (emprego ou "bico") é insuficiente para sobrevivência da família, mas também porque não há garantias de direitos sociais básicos, como educação, saúde, transporte etc. Ou seja, quando as mulheres falavam da dificuldade em não ter onde deixar os filhos pequenos para conseguirem trabalhar e realizar seus afazeres cotidianos, ou mesmo em relação à falta de dinheiro para a condução – para procurar trabalho ou para ir ao Cras –, elas relatavam uma pobreza que não se resume apenas à privação material, causada pela falta ou precarização de trabalho, mas também pela falta de suporte social, que deveria ser garantido pelo Estado na oferta suficiente de vagas em creche, na oferta de um transporte público acessível e de qualidade, por exemplo.

---

8   Observa-se no país um preconceito em relação aos beneficiários de programas sociais, em especial o Bolsa Família, os quais são vistos como "vagabundos" que se utilizam do valor em dinheiro do benefício com o intuito de não trabalhar. Sobre a relação histórica da "vagabundagem" com as políticas assistenciais, ver Castel (1998).

90   "BATALHA DE MULHERES"

Trata-se, assim, de uma situação de violações de direitos, incluindo o direito ao trabalho,[9] de forma que não há atualmente na sociedade brasileira um aparato de seguridade social que retire a população da vivência da constante necessidade para que assim todos possam gozar, de maneira igualitária, seus direitos de cidadão (NARDI, 2003). Nesse contexto, umas das consequências é que, por mais boa vontade que os atendimentos sociais (individuais e/ou em grupos) possam ter com suas metas de fortalecimento emocional, político e social, promoção da autonomia financeira e capacitação para o trabalho, visando ao desligamento dos usuário em relação aos benefícios assistenciais, o que ocorre na maioria das vezes é uma "psicologização da situação social das usuárias" (CARLOTO; MARIANO, 2010, p. 467).[10] Consequência nefasta de um Estado que viola sistematicamente os direitos fundamentais da população, de forma que a margem de alcance das políticas sociais fica bastante restrita, diria, reduzida a um campo discursivo (ideológico) que, senão responsabiliza diretamente os pobres por sua pobreza, tampouco lhes fornece ferramentas reais para a superação de sua condição.

Penso que uma das formas de tentar problematizar essas práticas vigentes da assistência social que acabam, em grande parte das vezes, por produzir modos de subjetivação empobrecedores, é trazer cenas, falas, que nos auxiliem a enxergar quem são essas pessoas que frequentam os equipamentos da assistência social, o que elas buscam e como elas vivenciam serem "usuárias" desses serviços. O recorte que escolhi para tanto foi definido por meio do encontro entre o Cras e as questões do mundo do trabalho, por apostar que é nesses atravessamentos prenhes de contradição que certas concepções e modos de fazer possam vir à tona, e quiçá outros regimes de existência possam aparecer.

---

9   O direito ao trabalho representa "uma espécie de necessidade vital, a única que pode tirá-los [os operariados] da miséria e da dependência" (CASTEL, 1998, p. 349), condição superada com o advento da propriedade social nos países europeus ocidentais. Essa forma de propriedade, apesar de não ter abolido a oposição fundamental entre capital e trabalho, a colocou em novos termos, de modo que, mesmo os que estão fora da propriedade privada estão assegurados dos acasos da existência.

10   "Um tipo de explicação que reduz a complexidade da existência humana a um simulacro psicológico. [...] constrói uma realidade na qual os problemas sociais seriam supostamente sanados por meio de intervenções sobre aspectos psíquicos ou individuais. Diversas são as consequências dessa construção para os nossos modos de vida, uma delas é a atribuição de responsabilidade aos indivíduos pelos problemas que os acometem, por isso a definição como explicações 'culpabilizantes'" (OLIVEIRA, 1997, p. 7).

O trabalho vivido

Verifica-se, nas trajetórias de trabalho das mulheres do Cras, algumas características "tipicamente femininas" (JARDIM, 2004). Primeiramente, porque dizem respeito a ocupações em serviços domésticos, cujas funções se aproximam daquelas realizadas no ambiente doméstico (lavar e passar roupa, faxina, cuidar de crianças etc.), e, em segundo lugar, porque trazem à tona a condição da mulher trabalhadora que se esforça para conciliar os cuidados com a casa, com os filhos e com o trabalho. Além disso, tais ocupações refletem a precariedade do trabalho a que elas estão submetidas já que o emprego doméstico apresenta baixo nível de assalariamento, más condições de trabalho, jornadas irregulares e baixa escolaridade.[11] É o que foi observado nas falas das mulheres, que relatavam inúmeros *"abusos das patroas"*, como de *"segurar até mais tarde"* [depois do expediente], *"não pagar hora extra"*, *"não dar almoço e nem dinheiro para marmita"*, *"pedir para ir no fim de semana quando eles* [os patrões] *estão viajando"*, *"para lavar carro"* etc.

Ainda sobre a precariedade desse tipo de ocupação, verificou-se o alto número de mulheres com problemas de saúde, decorrentes de longos períodos dedicados ao trabalho doméstico. Conquanto elas continuavam exercendo esses serviços até os 50, 60 anos; idades em que priorizavam trabalhar em casa ou para vizinhas, em parte, por uma necessidade de cuidar dos netos e, em parte, por não conseguirem se inserir em outro tipo de trabalho. Como é o caso de Lourdes, que, aos 18 anos, começou a trabalhar com *"limpeza"* e sempre complementou a renda fazendo "bicos" em casa de família, mas diz que atualmente não consegue mais trabalhar, por conta de *"dores na perna"*. Também é o caso de Marcela, cujo único trabalho foi como empregada doméstica e que, apesar de sentir muitas *"dores nas costas"*, continuava trabalhando para sustentar seus dois filhos; o problema, completa ela, *"é quando eu paro, daí vem*

---

11 Segundo os dados da Pesquisa de Emprego e Desemprego (PED) publicada em março de 2016, as mulheres ocupadas estão inseridas principalmente no setor de serviços (70,3%), dentre eles, o subsetor de serviços domésticos, o qual, embora ainda seja o terceiro empregador de mão de obra feminina – correspondendo a 13,1% das mulheres ocupadas – teve um decréscimo em 2015 de 5,1% em relação ao ano passado. Além disso, a proporção de empregadas domésticas no total de ocupações femininas também diminuiu ligeiramente entre os anos de 2014 e 2015, "permanecendo nos serviços domésticos, principalmente aquelas nas faixas etárias mais elevadas e com menor escolaridade" (PED, 2016, p. 10).

a dor, quando estou trabalhando não sinto nada". Ou, ainda, como o caso de Renata, cujos trabalhos foram a *"maioria de doméstica"*, mas que estava há mais de dois meses *"parada"*, pois tinha sofrido *"erro médico"* em uma operação no joelho. Ela temia perder seu emprego de auxiliar de limpeza em uma empresa, pois estava acabando seu período de licença e que, caso ela não voltasse, iria constar como abandono. Renata, se apoiando em uma bengala, falava que tinha três filhos *"para criar"* e mais dois sobrinhos, que sua irmã tinha posto para fora de casa, e a única renda da família provinha do seu trabalho.

Observa-se que o tipo de ocupação majoritariamente exercido pelas entrevistadas no Cras – atividades que parecem "naturalmente" femininas – não exigem muita especialização ou qualificação, tornando essas trabalhadoras facilmente substituíveis (JARDIM, 2004). Desse modo, a qualificação aparece como algo central na empregabilidade dessas mulheres, atuando como uma explicação para o fato de elas não estarem empregadas. Para elas, ter *"certa idade"* e possuir pouca escolaridade é apontado como os principais fatores que dificultam o retorno ao mercado de trabalho. Aliado a isso, observa-se que, entre as mulheres mais velhas, especialmente, subsiste um discurso que *"antigamente"* (em específico, na década de 1970, quando chegaram a São Paulo),[12] era muito mais fácil conseguir trabalho, bastando ter força de vontade: *"na época em que vim para São Paulo, era muito mais fácil arranjar emprego, era só bater na porta e tinha"*.

Embora elas reconheçam que há diferenças entre *"fazer cursos e ter prática"*, ou seja, entre qualificação e experiência, e que, mesmo fazendo cursos, elas ainda não conseguem um trabalho, o qualificar-se aparece como algo que tem valor em si mesmo, que revela o empenho em se preparar para o trabalho. Como aponta Jardim (2004), "a circulação da necessidade da aprendizagem constante para a construção da empregabilidade atravessa sua maneira de entender a realidade, a despeito de sua própria experiência" (p. 175-176).

---

12 Jardim (2004), ao entrevistar desempregados por desalento, nota que há um caráter positivo atribuído ao mercado de trabalho dos anos 1970, em especial, por três elementos: permeabilidade do mercado de trabalho (era mais fácil conseguir um trabalho, bastava ter vontade de trabalhar); justiça (salários mais justos) e mais oportunidades (bastava haver interesse pessoal).

Já em relação aos meios utilizados para angariar um posto de trabalho, verificou-se, em especial entre as mais jovens, táticas[13] como ir até agências de emprego, enviar currículos pela internet ou deixar nos estabelecimentos, ou mesmo ir até o Cras. Mas a ideia majoritária entre todas as entrevistadas é que *"para conseguir trabalho, o que conta mesmo é a amizade"*, até mesmo os "bicos" são conseguidos por *"indicação de alguém"*. Percebe-se a importância que as redes de sociabilidade têm como suporte – material, social e simbólico – para essas pessoas, condicionando as possibilidades ou não de alternativas perante a situação de desemprego e de falta de suporte social dado pelo Estado.

Assim, chama a atenção a disponibilidade dessas mulheres para transitar por diferentes lugares e papéis, no esforço por garantir o próprio sustento e o dos filhos. Como vemos no relato de Elenice:

> *Meu dia a dia é uma batalha, o Bolsa Família dá uma ajudinha, mas não resolve em nada minha vida [...] Antes eu trabalhava como doméstica, numa casa de família, hoje meu trabalho é servir lanches na garagem lá de casa, pra o pessoal do bairro e pra quem aparecer por lá. A polícia vive intervindo no meu negócio [...] Eu também junto latinha pra ganhar um dinheirinho a mais, mas meus filhos não me ajudam não, eles têm vergonha de eu fazer isso [...] Estresse é coisa de rico, filha; pobre fica cansado.*

Observamos na fala de Elenice e de outras usuárias, o que Kowarick (2002) denomina "desenraizamento do assalariamento formal", em que o mundo do trabalho já não consegue oferecer experiências de regularidade quanto aos rendimentos provenientes de trabalho contínuo, assalariado ou autônomo;

---

13 Farina e Neves (2007) fazem uma importante distinção entre táticas e estratégias no campo de estudos do mundo do trabalho. A primeira é entendida enquanto "ações de pessoas desempregadas para gerarem alguma renda e, assim, sobreviverem, ações que são sempre provisórias e possíveis de acontecer momentaneamente em um determinado espaço social" (p. 30). Já a segunda refere-se a "ações planejadas no tempo, como uma certa distância, que permitem traçar os diversos aspectos que compõem o campo do mundo do trabalho atualmente e as características do desemprego contemporâneo". Desse modo, afirmam as autoras, que "dependendo das condições (materiais e simbólicas) e das configurações societárias, as ações em direção ao mundo do trabalho se darão como táticas ou estratégias" (p. 30)

de forma que, para muitos, o mundo do trabalho se tornou informal, instável e aleatório. Assim, para complementar os ganhos insuficientes do seu trabalho, essas mulheres "desdobram-se" em "expedientes de sobrevivência" (TELLES, 2010): frutos de uma nova configuração societária de "generalização da crise do trabalho e do embaralhamento das situações ocupacionais" (JARDIM, 2004, p. 254).[14]

A imprevisibilidade do tempo presente causada pelo trabalho precarizado, não afeta apenas a sobrevivência da mulher, mas também coloca em risco a sobrevivência de sua família. Pelo que pude observar nos relatos, a preocupação em conciliar as tarefas domésticas e o cuidado com os filhos aparece como um atributo exclusivamente feminino. É a mulher que fica incumbida, ou se propõe, a procurar uma alternativa oferecida pelo Cras para as dificuldades econômicas da família. Há também casos de mulheres que são chefes de família e que vão ao Cras no intuito de buscar um auxílio para o sustento de si e de seus filhos. De qualquer modo, em ambos os casos, observa-se que são as mulheres as principais demandantes dos benefícios assistenciais e as principais responsáveis pelo cumprimento das condicionalidades, seja na participação das atividades previstas, seja zelando para os que os demais membros da família também cumpram as exigências, como atendimento à saúde e frequência escolar (CARLOTO; MARIANO, 2010).

Assim, podemos falar de outra faceta do trabalho vivido por essas mulheres, que é justamente o "trabalho" dirigido aos programas sociais, um trabalho que acaba por reforçar papéis tradicionais de gênero e dificultar o acesso ao assalariamento.[15]

Hoje participei de um grupo socioeducativo com usuárias do Programa Bolsa Família que tinham recebido a notificação de que

---

14   Vale destacar o aumento registrado, no ano de 2015, na taxa de desemprego entre mulheres "chefes de família", ou seja, aquelas que vivem apenas com seus filhos e, na maioria das vezes, são as únicas responsáveis pela sobrevivência familiar (PED, 2016).

15   Para Carloto e Mariano (2010), "a inserção efetiva em esferas públicas – trabalho remunerado e visível e participação ativa em espaços deliberativos – é condição indispensável para a construção da cidadania e para a redução de desigualdades sociais" (p. 468).

seus filhos estavam com baixa frequência e, portanto, elas corriam risco de terem o benefício suspenso. Este grupo era formado apenas por mulheres [...] Sobre a situação de trabalho, a maioria faz "bico" e não tem um emprego. Quando perguntei no que elas trabalhavam, uma delas me disse "no que aparecia" e as outras responderam que os "bicos" mais comuns eram de [empregada] doméstica. Elas comentaram o quanto era difícil trabalhar e cuidar da casa e dos filhos, em especial, no caso de emprego registrado que elas acabam "perdendo um dia de trabalho quando precisam levar os filhos ao médico ou quando precisam resolver coisas que tomam o dia inteiro, como no dia de hoje". Falaram ainda sobre o problema com os médicos que "não fornecem atestado para o dia inteiro, mas só de horas, sendo que depois de levar os filhos ao médico ainda tem que voltar correndo para o trabalho, isso quando tem trabalho". Igualmente ocorre com a escola que, às vezes por conta de trabalhos que elas arranjam, elas não conseguem levar os filhos na escola e estes acabam faltando. Elas também falaram que era um problema quando os filhos não estavam no horário de aula, ou não estavam na creche por falta de vaga, e elas tinham que trabalhar: "como a gente faz, vai deixar os filhos sozinhos e ir trabalhar"? Nesta hora, uma outra usuária, complementa, "o que acontece é que tem vez que a gente não pode aceitar o trabalho, a maioria é tudo em São Paulo; e o trânsito? Onde eu vou deixar meu filho?" (DINIZ; BATISTA, 2011, informação pessoal).

Vê-se, no trecho anterior, que o "trabalho" em serem usuárias dos programas sociais, no contexto de ausência de um sistema de seguridade amplo e eficiente, acaba por prejudicar a relação delas com o serviço assistencial. Ir ao Cras é associado por elas, dentre outras coisas, como *"ir ao médico"*, *"perder um dia de trabalho"* ou um dia de procura por trabalho. Assim como desorganiza os horários para levar e buscar os filhos na escola, cria outros problemas, como o de "com quem deixar os filhos". Além disso, eram bastante comuns as queixas em relação ao dinheiro da passagem de ônibus para ir até o Cras ou mesmo sobre as dificuldades em ir a pé, muitas vezes, percorrendo longas distâncias acompanhadas de seus filhos.[16]

Essa relação ambígua com a assistência social também foi observada em relação ao benefício do Bolsa Família. Este era visto como uma *"ajudinha"*, *"o dinheiro da feira"* ou *"o dinheiro para a conta de luz"*; um dinheiro que elas admitiam ser pouco e que não lhes garantia nem a sobrevivência, mas era um dinheiro garantido, do qual elas não queriam abrir mão. Um dinheiro que impactava o cotidiano delas não tanto pelo seu valor monetário, mas pelo que ele possibilitava: *perspectiva*. Perspectiva de conseguir sair, pelo menos em um aspecto, por menor que ele fosse (a feira no fim de semana ou a luz do mês), das amarras de um presente incerto, instável, cuja sobrevivência do dia que se inicia tem que ser garantida naquele mesmo dia para que houvesse outro dia, e outro, e outro... O dinheiro do Bolsa Família, então, representava uma possibilidade de "perspectiva de continuidade" (JARDIM, 2004) perante a descontinuidade de suas trajetórias de vida. Um sentido de continuidade que, como será visto adiante, também está muito ligado à continuidade do contrato de trabalho.

O trabalho como horizonte do possível

Como citado anteriormente, identificou-se a presença de um perfil restrito das pessoas que frequentam o Cras que caracterizei, *grosso modo*, como mulheres com histórias de trabalho em serviços domésticos que, em sua maioria, apresentam problemas de saúde decorrentes do esforço que este tipo de trabalho exige (LAUTIER; PEREIRA, 1994; MELLO, 1988). Algumas trazem experiências de trabalho em outros ramos, como operária em fábrica ou caixa

---

16 Muitas das suspensões do benefício ocorrem por baixa frequência das crianças na escola. O que as mães relatavam é que algumas escolas não tinham enviado a frequência dos alunos para o controle do Bolsa Família e que elas, além das obrigações diárias e dos "bicos" ou do trabalho que possuíam, precisavam pressionar a escola para que isso fosse feito. Uma dessas mães chegou a afirmar *"é, meu filho precisa estudar para comer"*. Ela enxergava a importância de os filhos estudarem e dizia cobrar deles que fossem à escola e estudassem, mas percebia-se, no seu discurso, a sobrecarga que acabava sendo cumprir as condicionalidades e ainda dar conta de suas atividades diárias.

de padaria, mas a maioria realizava trabalhos em serviços domésticos, sob diferentes tipos de vínculos estabelecidos: em formas de *"bicos"* (lavar e passar "para fora", faxina na casa de vizinha), de trabalho formal (empresas terceirizadas) ou mesmo em casas de famílias (diarista ou mensalista, geralmente sem registro na carteira). Observou-se que a parte substantiva do sustento dessas mulheres se dá em trabalhos informais, os *"bicos"*. Convivem, dessa forma, com grande instabilidade no que diz respeito à renda mensal que conseguem obter, a qual varia muito, de acordo com a oferta de trabalho.

A realidade de parte dessas mulheres de nunca terem tido um emprego e de proverem sua subsistência em variadas formas de *"se virar"* indica que não só o Brasil não alcançou o pleno emprego, mas que também a categoria tradicional de desemprego (ausência transitória de trabalho) atinge uma pequena parcela da população brasileira.[17] No entanto, as usuárias do Cras denominavam a realidade delas de *"fazer bicos"* como desemprego e se reconheciam enquanto *"desempregadas"*, demostrando que, embora a categoria de "desemprego" opere cada vez menos para a definição de identidades coletivas, é operacional para as identidades subjetivas (JARDIM, 2004). De forma que a identidade com o trabalho se dá pelo vínculo com o emprego, horizonte almejado por todas as mulheres com quem conversei durante minha atividade de extensão.

Vanda, cujo *"bico"* é *"vender coisas"* para sustentar a si e a família, diz que gostaria de ter um emprego para poder comprar suas *"coisinhas e as coisinhas que os filhos veem na televisão"*. Alice, que faz "bico" de diarista, conta que gostaria de ter algo *"fixo"* para saber *"quanto vai entrar no mês"* e, com isso, *"poder planejar"*. Carolina, que *"se vira, arrumando um bico aqui, outro ali, como diarista"*, é contundente: *"a diferença é que no trabalho registrado, você sabe que tem trabalho"*. Já Maria, apesar de seu atual trabalho como terceirizada na prefeitura da cidade não deixá-la *"dormir tranquila por conta do aluguel"*, prefere esse trabalho ao de doméstica em casa de família, por causa dos *"direitos"* que o primeiro lhe garante. Igualmente para Lourdes, que sempre trabalhou com *"limpeza"* e diz preferir trabalhar em *"firma do que em casa de família, porque na firma tem hora pra entrar e pra sair"*.

---

17   A respeito de uma discussão aprofundada sobre a categorização social do desemprego, ver Jardim (2004), em especial, o Capítulo 1: "O problema da mensuração".

Vemos, nestes relatos, que as mulheres, quando falam de emprego, o associam a uma *garantia* – de consumo, de renda, de trabalho e de direitos –, em contraste com a instabilidade e precariedade que sua vida de "bicos" lhes proporciona. No trabalho formal, há a estabilidade, a possibilidade de uma referência que lhes permite estruturar a vida cotidiana e, principalmente, se localizar socialmente.[18] O emprego, nesses relatos, aparece como um "bem", um privilégio, que deve ser preservado pelos que têm e buscado pelos demais. Assim, penso que, no caso das usuárias do Cras, o trabalho é importante não tanto por seu valor "moral", mas pelo que ele poderá produzir em termos de segurança e garantias para elas e para seus filhos: o trabalho é meio (JARDIM, 2004). Como as trajetórias até aqui ilustram, essas mulheres conseguem transitar facilmente entre os territórios do formal e do informal, buscando por variadas formas alternativas de sobrevivência para garantir o sustento delas e de suas famílias: é a necessidade que as move em direção ao trabalho, não um sonho ou uma vocação.[19]

No entanto, como aponta Jardim (2004) a despeito do "pleno emprego" não ter se instituído de maneira completa entre nós, a existência de tais relações "pôs no horizonte do possível a regulação das relações de trabalho referidas a um mundo de medidas comuns [...] ampliou a compreensão do que é visto como possível" (p. 256-257). Ou seja, há o trabalho e há o emprego, "geralmente relacionado a maior segurança e estabilidade, a relações de trabalho menos arbitrárias e aos benefícios sociais" (p. 257). Além do mais, a estabilidade ligada ao emprego não está apenas relacionada ao presente, mas sobretudo ao futuro; portanto só é "legitimamente emprego o trabalho que, além de assegurar o presente, assegure o futuro da família e não só de uma pessoa" (p. 258).

É o que se verifica nos relatos no Cras, em que o imaginário do emprego é compreendido como aquilo que lhes poderia retirar de uma vida amarrada

---

18 Lembro-me de que as pessoas falavam de datas precisas de quando entraram, de quanto tempo ficaram, e quando saíram do emprego registrado. O que já não ocorria com os trabalhos informais, demonstrando não apenas uma desvalorização desse tipo de trabalho em relação ao formal, mas também uma característica de descontinuidade, que lhe é própria.

19 Aos membros das classes mais abastadas, o trabalho assume uma forma de vocação, em que, desde a adolescência, já somos preparados para seguir uma profissão e ter uma carreira. A famosa pergunta "o que você vai ser quando crescer?" sintetiza bem essa condição.

pelas necessidades imediatas e que opera como vínculo entre elas e o trabalho, informando e orientando suas escolhas e sua disponibilidade. Entendo que, para que esses saberes e experiências possam emergir, é necessário estar junto: nem acima, nem abaixo; nem dominador, nem oprimido. É preciso entender o que significa *para elas* trabalho, emprego e desemprego, dar voz à sua trajetória de trabalho e os valores que foram (des)construídos a partir dessa vivência. Certamente, não conseguiremos resolver os problemas decorrentes de sua inserção marginal na estrutura social, mas daremos um amparo à sua experiência de vida, tradição e cultura: elas terão raízes. Para Gonçalves Filho (1998), o enraizamento ocorre quando o homem não simplesmente está vivo, mas existe; e "existência supõe participação no mundo" (p. 20).

O trabalho na assistência social

Como visto, a maior parte das pessoas com quem conversei gera renda por meio de "bico" e trabalhos sem registro na carteira, e, apesar de conseguirem ganhar mais dinheiro dessa forma, preferem o trabalho formal por conta da "perspectiva de continuidade" que este oferece e também por ser um meio para a realização daquilo que elas sonham para si próprias e para os filhos. No entanto, percebi que isso não é exatamente uma questão de escolha, assim como o trabalho que se vai fazer também não o é. Ouvi, mais de uma vez, as mulheres dizendo: "a gente não escolhe; faz o que aparecer". De forma que, inicialmente, a relação das entrevistadas com o trabalho parecia-me apenas de privação. Mas, delongando a conversa com elas e também no momento da transcrição dos diários, notei que não eram apenas as imposições da necessidade que guiavam as (não) escolhas dessas mulheres. De modo que ainda que suas escolhas fossem circunscritas por sua posição social, elas informavam certos valores estranhos à visão utilitarista do trabalho. Vejamos a conversa com Valdineia, natural da Bahia, moradora da cidade de São Paulo havia 21 anos, mãe de quatro filhos, desempregada:

> *O melhor lugar que eu trabalhei foi nessa casa de família que eu fiquei por 3 anos e 7 meses. A patroa era boa, tinha bom caráter, mas era invocada e ignorante também. De manhã já começava*

brigando e numa briga dessas eu pedi para ser mandada embora.
Eu falei para ela que ela só gostava de falar, mas não gostava de
ouvir. Mas ela me ajudava em tudo, pagava um bom salário. Eu
não me arrependo não, me senti até bem depois que ela me man-
dou embora e você sabe ela até me chamou várias vezes de volta
depois, mas eu não aceitei. Teve uma outra vez que me ofereceram
para ser diarista numa casa na avenida Bandeirantes por um
salário mínimo e eu também disse não, é muito pouco (DINIZ;
BATISTA, 2011, informação pessoal).

Era notável que Valdineia experimentava uma certa libertação quando dizia que não aceitava qualquer trabalho e em qualquer condição, mesmo que tivesse custado seu melhor emprego ou a manutenção de sua condição de desempregada. A patroa de Valdineia lhe pagava um bom salário, mas ela não ouvia, só queria falar, ela não *conversava* com Valdineia. Isso foi demais para ela suportar, o bom salário não foi suficiente. Valdineia disse não também para o salário muito baixo na casa na avenida dos Bandeirantes, preferiu ficar perto dos filhos e continuar "se virando" com os "bicos" na vizinhança. Essas são as escolhas de Valdineia.

Irma, natural de Minas Gerais, viúva, moradora de uma favela perto do Cras, mãe de três filhas, *"sendo duas casadas"*, avó de duas netas, também nos fala sobre a importância dos laços criados no ambiente de trabalho:

Em São Paulo trabalhei numa metalúrgica na Vila Mariana e
depois desse emprego trabalhei só em casa de família. Hoje em
dia não consigo mais fazer esse serviço, mas de vez em quando eu
lavo e passo para fora. O trabalho que eu mais gostei foi o da meta-
lúrgica, eu gostava de tudo de lá. Ficava conversando na linha de
produção enquanto trabalhava. Em casa de família o trabalho é
pesado e as patroas às vezes me segurava até mais tarde. Ia chegando
perto das cinco da tarde, elas vinham com qualquer desculpa como
pedir para limpar as joias delas. Queriam conversar enquanto eu
tinha que trabalhar (DINIZ; BATISTA, 2011, informação pessoal).

Vemos nesse trecho que a palavra "conversa" adquire dois sentidos distintos: em um caso, há um encontro, laços de sociabilidade que foram tecidos entre duas pessoas em uma mesma condição; no outro, uma troca de palavras entre duas classes, uma conversa defensiva, em que a palavra do trabalhador é frequentemente esvaziada. No trabalho na metalúrgica, em que Irma *"gostava de tudo"*, a conversa com as colegas acompanhava o trabalho, era um trabalho que, apesar da dureza das máquinas, se tornava "leve" pela solidariedade comunitária. *"Pesado"* se torna o trabalho em que Irma se despersonaliza, em que é instrumentalizada para servir aos caprichos daquele que detém o dinheiro; não há conversa, há subjugação.

Vejamos o que é o imaginário do que seja um trabalho suficientemente bom que guia as escolhas e as decisões de Valdineia e Irma, que também informam a consciência dessas experiências. Como também no caso de Gabriela, que trabalhava em uma padaria da região, mas decidiu pedir demissão, pois lá iam muitos "bêbados". Penso que, para conseguir ouvir esses valores que orientam as escolhas de Valdineia e Irma, e de tantas outras usuárias, seria preciso abrir mão de uma postura que já detém previamente os critérios do que é bom, certo, desejável, enfim, para a vida dos usuários desses serviços.

Gonçalves Filho (1998), discorrendo acerca do discurso "pendular" do trabalhador pobre (pendular porque amarrado às necessidades do dinheiro) questiona se as próprias condições de nosso encontro com o trabalhador podem produzir tal pendularidade. Para que isso não ocorresse, seria necessário "supor entre nós um campo intersubjetivo alargado [como no caso da conversa entre Irma e sua colega de trabalho], em que a palavra espiralasse. Um campo difícil de estabelecer" (p. 9). Neste sentido, seria conveniente pensarmos se as mulheres nos atendimentos no Cras se encontram conosco. Será que o discurso dirigido por elas aos profissionais do Cras assume uma forma repetitiva, muitas vezes cansativa, de enunciação de suas carências e necessidades (algo como um "muro das lamentações"), por se tratar apenas de um sintoma de sua "vulnerabilidade social"? Ou não há, naquele local, condições propícias para emergir outros modos de ser?

Em conversa com uma recepcionista do Cras, esta me contou que nota bastante constrangimento das pessoas em irem até lá, em especial, quando conhecem alguém que está na sala de espera. Ela também percebe que alguns tentam aparentar ser mais pobres do que são para conseguir algum benefício. Também eu notava nas conversas que as pessoas, em geral, se *justificavam* por receber algum benefício assistencial, se mostrando constrangidas ou demonstrando como elas realmente precisavam daquela *"ajudinha"* e que não iriam *"tirar o lugar de quem precisa mais"*. Vê-se que se trata de entender os benefícios assistenciais não como um direito, mas como um bem que precisa ser usufruído por aqueles que mais precisam.

Entendo que esses são indicativos graves de uma distância simbólica entre os usuários e os postos de atendimento da assistência social. É como se eles não pudessem existir em sua integralidade nesses espaços; existem pela metade, de forma plástica, senão há vergonha, há vitimização em suas condutas. Claudia, Renata, Marcela, Vanda, Carolina, Maria, Lourdes, Elenice, Valdineia, Irma e Gabriela ficaram da porta para fora; ao entrarem no Cras elas são apenas pobres. Mas por que ocorre tal fenômeno? Ao olhar pelas questões relativas ao mundo do trabalho, observamos que há uma forte defesa do trabalho nos desenhos das políticas sociais, em que este é tido (junto com a família), como uma espécie de "salvação" para retirar aquele indivíduo da zona de vulnerabilidade social.

Em minha inserção no Cras, algumas das ações que presenciei em relação ao desemprego foram: oferta de postos de trabalho (precarizados), ajuda no preenchimento de currículo e oferta de cursos profissionalizantes para ocupações subalternas. Ou seja, desconsidera-se o problema crônico do desemprego em que simplesmente não há emprego para todos; desconsidera-se os acessos desiguais a oportunidades de emprego, seja pela baixa qualificação, seja pelos preconceitos raciais e de gênero; desconsidera-se, ainda, a oferta, quase que generalizada, de trabalhos extremamente precários para o público da assistência social.[20] Entendo que a reprodução de tal ideologia burguesa do trabalho constrói uma realidade simbólica distante do dia a dia (realidade material) das usuárias do Cras. Além do que, tal anacronismo favorece o incremento

---

20 Uma funcionária do Cras contou que, havia duas semanas, a faxineira que trabalhava no Cras foi despedida, de modo que eles estavam sem faxineira até aquele momento. Eles estavam pedindo para a faxineira que trabalha na Secretaria (Municipal de Assistência Social) "dar uma força" no Cras. Disse que essas faxineiras faziam parte de um programa para as pessoas que estão com dificuldades de ingressar no mercado trabalho; elas ganhavam R$ 350,00 mensais.

do sofrimento psíquico diante das adversidades provocadas pelo desemprego, já que a ausência de trabalho é vista como um problema de responsabilidade estritamente individual.

Nesse cenário, ganha destaque o chamado "discurso da competência" (SATO; SCHMIDT, 2004), que "remete ao nível individual os problemas de um sistema econômico que não pode gerar empregos para todos" (COSTA, 2005, p. 23). E é justamente na situação de interiorização do controle social, que vem à tona a "violência da calma",[21] que permite que o reconhecimento como pessoa e seu direito à vida se dê por meio do emprego, fazendo com que as pessoas aceitem trabalhar nas condições mais aviltantes. Dessa maneira, são os indivíduos que se tornam "incompetentes" em relação ao trabalho e também em relação às próprias experiências de vida.

A assistente social que coordenou o grupo começou pedindo para que as pessoas dissessem o que achavam que era o CRAS. Umas delas, Lucia, de 58 anos, disse que estava com problemas para achar emprego, pois já tinha "certa idade", mas que gostaria de fazer um curso de informática [...] Essa usuária insistia em dizer que tinha experiência, mas não conseguia emprego por conta da idade. Diz querer uma oportunidade ao menos para mostrar que sua idade lhe conferia experiência e que, além disso, poderia aprender rápido. Contou que uma vez, após ser recusada em uma entrevista de trabalho, descobriu o telefone da responsável dos recursos humanos da empresa e ligou questionando o porquê não havia sido contratada. "Era para digitação, eu trabalhei muitos anos com máquina de escrever, eu tenho muita experiência, e também posso ensinar. Eu aprendo muito rápido as coisas, mas preciso de uma chance", completou Lucia visivelmente angustiada (DINIZ; BATISTA, 2011, informação pessoal).

---

21   "A calma dos indivíduos e das sociedades é obtida pelo exercício de forças coercitivas antigas, subjacentes, de uma violência e de uma eficácia tal que passa desapercebida, e que, no limite, não é mais necessária, por estar inteiramente integrada; essas forças nos oprimem sem ter mais que se manifestar" (FORRESTER, 1997, p. 18 apud SATO; SCHMIDT, 2004, p. 367).

Notamos, na fala de Lúcia, o peso que os valores postos pelo mercado tem no modo como percebemos o mundo e nos percebemos. Lucia enxerga pouco para além da esfera privada os motivos de seu desemprego, até mesmo a falta de oportunidade que ela denuncia é localizada na responsável pelos recursos humanos da empresa que lhe negou o emprego. Mais uma vez, as palavras são amordaçadas pela ideologia burguesa do trabalho e o sujeito por detrás se apaga: Lúcia é pela negativa (não jovem, não qualificada, não experiente). Lúcia é reificada e nos aparenta apenas aquilo que lhe falta segundo os valores do capitalismo: aparenta uma pobre.

> *A reificação afeta o regime da aparência: a aparência deixa de valer como meio de aparição pessoal e torna-se coisa com a qual a pessoa é confundida e com que ela própria tende a confundir-se. [...] Se há algo de poderoso nos fatos de reificação é que, não apenas fazem funcionar como coisa quem é humano, mas tendem a obscurecer a visão de que a coisa, ali, é na verdade um homem. [...] Se o outro torna-se invisível não é porque a visão do outro seja acontecimento secundário, formado a posteriori, mas é porque a máquina social e a máquina inconsciente interpõem-se entre nós e impedem a irrupção do que vem por si mesmo (GONÇALVES FILHO, 1998, p. 17).*

Para esse autor, a reificação no trabalhador – indicada "pela maneira como o trabalhador hierarquiza suas necessidades, privilegiando salários e a saúde" (p. 6) – é reflexo de um impedimento para sua humanidade, próprio de uma sociedade de classes atravessada pela desigualdade. Entendo que o Cras, ao olhar para o trabalho de forma idealizada (portanto, ideológica), como se o fato de ter um emprego fosse a resolução de todos os problemas do indivíduo, acaba por desrespeitar as escolhas, as singularidades e as experiências vividas por essas pessoas em sua trajetória de trabalho e, também, de vida. Vimos, por exemplo, que apesar do problema da falta de dinheiro estar presente em todos os depoimentos das usuárias do Cras, este não é o único critério para aceitar um trabalho, mas há outros, como a presença de respeito, o tempo de estar com a família, a distância entre a casa e o local do trabalho etc.

É como se o fato de elas serem pobres lhes retirasse o direito de escolher e o direito de ter voz, de serem sujeitos, por fim.

> *A humilhação crônica, longamente sofrida pelos pobres e seus ancestrais, é efeito da desigualdade política, indica a exclusão recorrente de uma classe inteira de homens para fora do âmbito intersubjetivo da iniciativa e da palavra. [...] A humilhação vale como uma modalidade de angústia e, nesta medida, assume internamente – como um impulso mórbido – o corpo, o gesto, a imaginação e a voz do humilhado (GONÇALVES FILHO, 1998, p. 2).*

Nesse contexto, subsiste uma desconfiança generalizada, na qual o pobre tem que provar (ele sente e sabe isso) que *apesar* de ser pobre, ele é confiável. Ser confiável em nossa sociedade está muito relacionado ao trabalho, ou melhor, a um conjunto de práticas e valores que demonstram que, a despeito das adversidades enfrentadas, o indivíduo persiste em sua adesão aos valores do trabalho (JARDIM, 2004).[22] Desse modo, a relação da assistência social com o mundo do trabalho, não é apenas problemática por não considerar a realidade da situação de informalidade do mercado de trabalho no Brasil (que acaba por borrar as categorias "empregado" e "desempregado"), mas também o é pela mensagem que é passada aos seus usuários de que é preciso aceitar qualquer trabalho, sob o risco de serem malvistos. Na verdade, os dois aspectos estão inteiramente relacionados:

> *É ao passo em que a relação salarial se estabelece como norma que o não-trabalho, involuntário e temporário, se estabelece como desemprego, isto é, como "o outro" do emprego; trata-se de uma categoria produzida, portanto, para distinguir os trabalhadores identificados à norma salarial dos vadios e vagabundos,*

---

22 Neste sentido, Telles (2001) aponta que há uma distinção no interior da mesma pobreza, entre os pobres honestos – trabalhadores que conseguiram, apesar das adversidades, garantir uma vida digna para a família, terem a casa limpa e bem cuidada – dos "pobres de tudo"– favelados que não têm um lugar fixo, vivem a vagar pelas ruas, não conseguem um emprego regular e vivem à deriva das circunstâncias.

cuja ocupação ocasional será progressivamente impossibilitada (JARDIM, 2009, p. 18).

Assim, penso que o Cras, ao desvincular as questões do mundo do trabalho do contexto de vida das pessoas, deixa pouco espaço para que as escolhas dos seus usuários possam se expressar e também para que os sofrimentos de humilhação, desamparo e desenraizamento possam ser colocados em outros termos, além do âmbito privado. Além do mais, corre-se o risco de "criminalizar" a pobreza, não reconhecendo seus membros como sujeitos legítimos, portadores de escolhas, afetos, hábitos, costumes e valores.

Considerações finais

Martins (2009) afirma que o processo a que chamamos de exclusão não cria mais pobres que antes conhecíamos e reconhecíamos; ele cria duas "humanidades" em uma mesma sociedade: os integrados e a "subumanidade". Os integrados abrangem ricos e pobres que estão inseridos no circuito reprodutivo das atividades econômicas e que, além do mais, têm direitos reconhecidos e seu lugar social garantido no sistema de relações sociais, econômicas e políticas; já a "subumanidade" refere-se a "uma humanidade incorporada no trabalho precário, no trambique, no pequeno comércio, no setor de serviços, mal pago ou, até mesmo, excuso" (MARTINS, 2009, p. 35-36). Para o autor, essa "subumanidade" se baseia

em insuficiências e privações que se desdobram para fora do econômico. As pessoas podem até ter dinheiro (e até muito decorrente de atividades ilícitas), mas estão à margem. [...] São tratados como cidadãos de segunda classe e sabem disso (p. 36).

Desse modo, estar no Cras foi um desafio durante todo o tempo da extensão, um desafio em buscar "brechas" nessa barreira entre as duas "humanidades", em tentar fazer emergir uma voz não humilhada, em estabelecer, enfim, o "campo intersubjetivo alargado" que Gonçalves Filho (1998) aponta. Certamente, não há uma "fórmula" para isso, melhor seria buscar identificar momentos em que o estranhamento cedeu lugar à cumplicidade. Lembro-me da conversa com

Elenice que, mesmo destoando das demais pelo seu tom de revolta e consciência de sua condição, mantinha em mim a impressão que minhas falas – reforçando o seu discurso e tentando trazê-la para refletir sobre possibilidades por intermédio da ação[23] para superação dessa condição – não ressoavam em nada nela: era como se eu não estivesse ali. No entanto, em um determinado momento, quando ela estava comentando sobre a vergonha que seus filhos sentem por ela catar latinhas para complementar a renda, e eu falei – *"é curioso pensar o que é ou não considerado trabalho. Para mim, vender lanches e catar latinhas são igualmente trabalhos"* – ela virou o rosto bruscamente e lançou um olhar direto nos meus olhos: nesse momento, senti que havíamos nos comunicado.[24]

Sato e Schmidt (2004), discorrendo sobre as possibilidades de atuação da psicologia diante das mazelas afetivas e emocionais relacionadas à precariedade no trabalho e ao desemprego, afirmam que "uma contribuição que está ao alcance, também, da psicologia, diz respeito à explicitação das representações hegemônicas do trabalho e ao oferecimento de outras representações, contra-hegemônicas" (p. 368). Nesta leitura, a psicologia poderia contribuir para o questionamento de conteúdos simbólicos relacionados ao mundo do trabalho, por exemplo, na própria noção do que é ou não considerado trabalho. Se o trabalho é condição não apenas para viver materialmente, mas para que alguém seja socialmente confiável, e "ser confiável é ter o testemunho de outro que lhe atribui existência social" (p. 367), a potência do encontro está dada.

---

23 Jardim (2004), dialogando com Hannah Arendt, para quem a possibilidade da ação está condicionada à independência em relação às esferas da reprodução e sobrevivência, questiona: "quais possibilidades de ação podem estar postas quando os indivíduos estão sendo 'devolvidos' a um modo de vida caracterizado pela incerteza e pela instabilidade?" (p. 256).

24 "Winnicott chama atenção para o que ele vai denominar de uma comunicação não discursiva, um tipo que ocorre num espaço potencial, que é entendido como aquele espaço entre o campo subjetivo e o campo compartilhado. É onde se viabiliza a criatividade, é o espaço do simbólico. Um outro aspecto que aparece decorrente dessa comunicação é o acontecimento. É quando há uma experiência constitutiva, quando o sujeito se depara com algo que ele não tinha percebido antes, resultante de uma superação de uma dissociação. Acontecendo esse processo, nós podemos dizer que há uma ação terapêutica, ou seja, quando há uma superação de uma dissociação. Um sinal que houve a superação de uma dissociação naquele momento, que houve esse acontecimento, é a surpresa, o paciente expressa de alguma forma que algo de especial aconteceu" (CLÍNICA, 2016).

Assim, entendo que, quando as usuárias do Cras estavam falando sobre trabalho/desemprego, estava sendo dito muito mais. Mais do que o simples encaminhamento para recolocação no mercado de trabalho pode amparar. Aliás, dependendo da fragilidade em que o indivíduo se encontra, seu retorno ao mercado de trabalho pode gerar mais prejuízo psicológico do que benefício (SATO; SCHMIDT, 2004). Para alcançar a potencialidade que esse encontro pode ter, penso que é preciso primeiramente buscar conhecer a realidade do mundo do trabalho de um país como o nosso – capitalista periférico com uma histórica desigualdade social – que nunca alcançou o pleno emprego (e talvez nunca alcance) e que apresenta um mercado de trabalho com elevado padrão de informalidade. De modo que, operar com as categorias empregado/desempregado, tendo como referência países desenvolvidos, não me parece algo muito preciso.

Em segundo lugar, é necessário compreender o significado que o trabalho tem em uma sociedade como a nossa, em que a cidadania foi pautada em torno da carteira de trabalho e do "pobre honesto" (TELLES, 2001), ou seja, aquele indivíduo cuja pobreza é tolerada pois faz uma adesão aos códigos e às normas identificados com uma "cultura do trabalho" (JARDIM, 2004). Nesse cenário, o desemprego é visto como consequência de um problema – falta de qualificação, "vagabundagem", idade, falta de vontade etc. – localizada no indivíduo, de modo que sua superação também é de responsabilidade estritamente individual. No caso da assistência social, em especial, acho de suma importância o questionamento desse conteúdo simbólico, já que há uma associação entre assistência social e fracasso (CARLOTO; MARIANO, 2010), como já visto, e também levando em conta o que Telles (2001) irá chamar de "figura do necessitado": que faz "da pobreza um estigma pela evidência do fracasso do indivíduo em lidar com os azares da vida cotidiana e que transforma a ajuda em uma espécie de celebração pública de sua inferioridade" (p. 26).

Assim, a partir da minha experiência nessa atividade de extensão, compreendi que é preciso *conversar* com os atores que compõem a temática do trabalho, resgatando e ressignificando sua trajetória de vida, para, quem sabe, tentarmos construir alternativas à geração de renda.[25] É preciso que se crie

---

25 O meu projeto de iniciação científica teve como objetivo estudar a organização e o cotidiano de uma fábrica que foi "ocupada" pelos trabalhadores, tendo em vista o processo de falência decretada pelo dono. Assim, para não perderem seus postos de trabalho, os operários ocuparam a fábrica e passaram, eles mesmos, a cuidar da organização de seu trabalho (DINIZ, 2009).

"microespaços coletivos" (SATO; SCHMIDT, 2004), onde seja possível pensar em termos não privados as agruras do desemprego e do trabalho precarizado. Ou seja, apostaria na construção de espaços situados no intermédio de polaridades; no caso do desemprego, nem como resultante de fatores individuais, nem como fruto de determinantes macroeconômicos em que o indivíduo se torna mais uma vítima do sistema.

Nos atendimentos em que participei no Cras, percebi pouco espaço para os indivíduos compartilharem suas experiências e questionarem suas percepções sobre o mundo do trabalho e sobre si mesmos enquanto "desempregados". O fato de a visão do que seja trabalho ser restrita à norma do emprego, acaba por transformá-lo em algo neutro, sem conflitos, e, caso estes existam, estão apenas localizados no espaço do trabalho. Percebo que, com este entendimento, não apenas se homogeniza o trabalho, mas se faz o mesmo com o pobre. Ou seja, para a ótica do trabalho enquanto mercadoria, não há distinção entre um trabalho em que há conversa e um trabalho em que não há; de um trabalho no qual se ganha um salário mínimo e um que possibilita ficar mais perto da família. Igualmente, não há pobres para os quais a conversa com a colega seja importante, ou para os quais o rendimento seja suficiente para estar longe da família, ou ainda para os quais é incômodo ter "bêbados" no local de trabalho: todos são pobres e por isso devem trabalhar.

É curioso que tal dinâmica acaba por estereotipar também os próprios serviços da assistência social. O Cras era chamado por seus usuários, como *"o lugar onde se recebe o Bolsa Família".* Esse distanciamento também era percebido pela equipe de profissionais que compunha o Cras, que afirmavam querer estar mais próximos da população, inclusive em outros espaços, como praças públicas, mas a burocracia a que eram diariamente submetidos e a precariedade de seu próprio trabalho lhes dificultavam criar esses outros modos de fazer o trabalho.

Desse modo, entendo ser imperioso lutarmos pela construção de políticas sociais não precarizadas, que promovam a igualdade de gêneros e que levem em conta a realidade de seguridade social do próprio país. Além de tentarmos construir outros modos de nos encontrar com as pessoas que frequentam os postos de atendimento da assistência social, devemos buscar conhecer e dar visibilidade ao trabalho daqueles profissionais que ousam experimentar produzir outros processos de subjetivação, baseados no questionamento, na afetação, no rompimento e também no respeito.

Referências

BRASIL. Ministério da Saúde. SAS/DAB – Coordenação Geral de Alimentação e Nutrição. Disponível em: <http://bolsafamilia.datasus.gov.br/w3c/bfa. asp>. Acesso em: 24 mar. 2016.

CARLOTO, C. M.; MARIANO, S. A. No meio do caminho entre o privado e o público: um debate sobre o papel das mulheres na política de assistência social. *Estudos Feministas*, Florianópolis, v. 18, n. 2, p. 352, maio-ago., 2010.

CASTEL, R. *As metamorfoses da questão social*: uma crônica do salário. Petrópolis, Vozes, 1998.

CLÍNICA Psicológica Ana Maria Poppovic. *Boletim Clínico*, São Paulo, n. 18, set. 2004. Disponível em: <http://www.pucsp.br/clinica/boletim-clinico/ boletim_18/boletim_18_25.html>. Acesso em: 9 jun. 2016.

COSTA, M. S. *Qualificação profissional e ideologia*: estudo com trabalhadores desempregados em busca de emprego. 2005. 149 f. Dissertação (Mestrado em Psicologia Social) – Instituto de Psicologia, Universidade de São Paulo, São Paulo, 2005.

CREPOP – Centro de referência técnica em psicologia e políticas públicas. *Referência técnica para atuação do (a) psicólogo (a) no CRAS/SUAS*. Conselho Federal de Psicologia (CFP). Brasília, DF: CFP, 2007.

DINIZ, B. F. *Organização e cotidiano de uma "fábrica ocupada"*: uma aproximação etnográfica. 2009. 67 f. Relatório final (Iniciação Científica em Psicologia) – Instituto de Psicologia, Universidade de São Paulo, São Paulo, 2009. Disponível em: <http://www.memoriaoperaria.org.br/index.php?option=com_ docman&task=doc_details&gid=1&Itemid=2>. Acesso em: 10 jun. 2016.

_____. *"Tem gente que não quer saber de trabalhar"*: apontamentos acerca do discurso sobre a vadiagem na Praça da Sé (SP). 2014. 165 f. Dissertação

(Mestrado em Psicologia Social) – Instituto de Psicologia, Universidade de São Paulo, São Paulo, 2014.

DINIZ, B. F.; BATISTA, J. T. *Desemprego, geração de renda e trabalho em um Centro de Referência em Assistência Social.* São Paulo: Centro de Psicologia Aplicada ao Trabalho (CPAT). Departamento de Psicologia Social e do Trabalho (PST), IPUSP, 2011.

FARINA, A. F.; NEVES, T. F. S. Formas de lidar com o desemprego: possibilidades e limites de um projeto de atuação em psicologia social do trabalho. *Cadernos de Psicologia Social do Trabalho*, São Paulo, v. 10, n. 1, p. 21-36, 2007.

GONÇALVES FILHO, J. M. Humilhação social: um problema político em psicologia. *Psicologia USP*, São Paulo, v. 9, n. 2, p. 11-67, 1998. Disponível em: <http://www.scielo.br/scielo.php?script=sci_arttext&pid=S0103-656 41998000200002>. Acesso em: 28 dez. 2015.

JARDIM, F. A. A. *Entre o desalento e a invenção*: experiências de desemprego em São Paulo. 2004. 285 f. Dissertação (Mestrado em Sociologia) – Faculdade de Filosofia, Letras e Ciências Humanas, Universidade de São Paulo, São Paulo, 2004.

_____. *Do desempregado ao desemprego*: desenvolvimento das políticas públicas de emprego no Brasil. 2009. 159 f. Tese (Doutorado em Sociologia) – Faculdade de Filosofia, Letras e Ciências Humanas, Universidade de São Paulo, São Paulo, 2009.

KOWARICK, L. Viver em risco: sobre a vulnerabilidade do Brasil urbano. *Novos Estudos CEBRAP*, São Paulo, n. 63, p. 9-30, 2002.

LAUTIER, B.; PEREIRA, J. L. *Representações sociais e construção do mercado de trabalho*: empregadas domésticas e operários da construção civil na América Latina. *Cadernos CRH*, n. 21, p. 125-151, 1994.

MARIANO, S. A.; CARLOTO, C. M. Gênero e combate à pobreza: programa Bolsa Família. *Estudos Feministas*, Florianópolis, v. 17, n. 3, p. 312, set.--dez., 2009.

MARTINS, J. S. *Exclusão social e nova desigualdade*. São Paulo: Paulus, 2009.

MELLO, S. L. A sobrevivência e o trabalho. In: _____. *Trabalho e sobrevivência*: mulheres do campo e da periferia de São Paulo. São Paulo: Ática, 1988. p. 157-190.

NARDI, H. C. A propriedade social como suporte da existência: a crise do individualismo moderno e os modos de subjetivação contemporâneos. *Psicologia & Sociedade*, Porto Alegre, v. 1, n. 15, p. 37-56, 2003.

OLIVEIRA, F. de. *A construção social dos discursos sobre o acidente de trabalho*. 1997. 125 f. Dissertação (Mestrado em Psicologia Social) – Instituto de Psicologia, Universidade de São Paulo, São Paulo, 1997.

PED. *A inserção da mulher no mercado de trabalho na região metropolitana de São Paulo*. São Paulo, mar. 2016. Disponível em: <http://www.dieese.org.br/analiseped/2016/2015pedmulhersao.pdf>. Acesso em: 8 jun. 2016.

SANTOS, G. Y. As mulheres como pilar da construção dos programas sociais. *Caderno CRH*, Salvador, v. 27, n. 72, p. 479-494, set.-dez., 2014.

SATO, L.; SCHMIDT, M. L. S. Psicologia do Trabalho e Psicologia Clínica: um ensaio de articulação focalizando o desemprego. *Estudos de Psicologia (Natal)*, Natal, v. 9, n. 2, p. 365-372, 2004.

SATO, L.; SOUZA, M. P. R. Contribuindo para desvelar a complexidade do cotidiano através da pesquisa etnográfica em psicologia. *Psicologia USP*, São Paulo, v. 12, n. 2, p. 29-47, 2001.

SPINK, P. K. Pesquisa de campo em Psicologia Social: uma perspectiva pós-construcionista. *Psicologia & Sociedade*, Belo Horizonte, v. 15, n. 2, p. 18-42, 2003.

TELLES, V. S. *Pobreza e cidadania*. São Paulo: Editora 34, 2001.

_____. *A cidade nas fronteiras do legal e ilegal*. Belo Horizonte: Argumentum Ed., 2010.

5. O Cras e o atendimento a queixas escolares: descumprimento da condicionalidade da educação?

Luís Fernando de Oliveira Saraiva[1]

Nos últimos anos, os profissionais do Sistema Único de Assistência Social (Suas), em sua maioria psicólogos e assistentes sociais, vêm se deparando cada vez mais com questões relativas a dificuldades no processo de escolarização de crianças e adolescentes. Isso se dá, sobretudo, no atendimento realizado nos Centros de Referência de Assistência Social (Cras) a famílias pobres, beneficiárias de programas de transferência de renda condicionada, que vincula o recebimento do benefício financeiro a índices de frequência escolar, na chamada condicionalidade da educação.

Integrando a proteção social básica, o Cras se configura como uma unidade pública responsável por ações de prevenção a situações de risco social, sobretudo a partir do fortalecimento de vínculos familiares e comunitários (BRASIL, 2009a). Entre seu público prioritário, encontram-se famílias beneficiárias do Programa Bolsa Família (PBF), programa de transferência direta de renda com condicionalidades, criado em 2004 e que beneficia famílias em situação de pobreza e extrema pobreza (BRASIL, 2009b). Esse programa se pauta na articulação entre promoção do alívio imediato da pobreza, por meio

---

1 Psicólogo, mestre em Psicologia Escolar e do Desenvolvimento Humano e doutor em Psicologia Social, ambos pelo Instituto de Psicologia da Universidade de São Paulo (IPUSP) (luisfos@uol.com.br).

da transferência direta de renda à família, e ações que levariam à superação da situação de pobreza, como programas complementares – muitas vezes oferecidos pelo próprio Cras – e reforço ao exercício de direitos nas áreas de saúde e educação, por meio dos cumprimentos de condicionalidades.

No que se refere à condicionalidade da educação, foco deste trabalho, exige-se frequência escolar mínima de 85%, para crianças e adolescentes entre 6 e 15 anos, e 75%, para adolescentes entre 16 e 17 anos. Quando a frequência é inferior a tais índices, a família recebe sanções que incluem advertência, bloqueio, suspensão e cancelamento do benefício. Cabe lembrar que não há descumprimento quando se identifica que a baixa frequência se deveu a motivos de doença, ausência de serviços educacionais e fatores socioambientais que impedem o acesso à escola, como calamidades, falta de transporte e violência urbana (BRASIL, 2009b).

Problematizando um atendimento muitas vezes de caráter burocrático, fiscalizador e informativo, que acaba por individualizar e culpabilizar as famílias pelo descumprimento da condicionalidade, apresentaremos possibilidades de atuação desenvolvidas em um Cras de um município da Grande São Paulo, entre 2009 e 2011. Tal prática buscou considerar o descumprimento enquanto um processo complexo, no qual as relações aluno–escola–família foram o foco de intervenção.

Jeitos tradicionais: a família em foco

Conforme previsto pelas regras para o acompanhamento das condicionalidades do PBF, cinco vezes por ano, o Cras recebia do órgão gestor municipal uma listagem com as famílias que não cumpriram a condicionalidade, as quais subsidiariam ações de busca ativa. Para isso, as famílias eram repartidas entre os quatro técnicos – dois psicólogos e dois assistentes sociais – do Cras, segundo um critério numérico, e cada um deles definia, a partir de sua própria avaliação, como proceder.

De um modo geral, os responsáveis pelo cadastro das famílias, hegemonicamente mães, eram chamados por correspondência a comparecer ao Cras, onde passavam por atendimentos individuais. Nestes, falava-se sobre a sanção recebida, questionando-se o que vinha acontecendo na família para que os filhos faltassem à escola. Reforçava-se a importância da escola como forma de contribuir para o rompimento do ciclo da pobreza entre gerações, orientava-se a fazer com que a criança voltasse à escola e, por fim, faziam-se encaminhamentos necessários, sobretudo aos órgãos gestores da educação e ao Conselho Tutelar, em busca de vaga, transferência ou programas de apoio escolar. Quando a família não procurava o atendimento, eram comuns visitas domiciliares. Apesar de previsto, quase nenhum recurso para a reversão da sanção recebida era apresentado.

Esse era o acompanhamento proposto às famílias, organizado a partir de diretrizes oficiais (BRASIL, 2006). Seu objetivo seria apoiá-las na superação de suas dificuldades, promovendo sua inclusão na rede de serviços, desenvolvendo capacidades comunicativas, relacionais e cooperativas, disseminando informações sobre seus direitos e mobilizando os recursos comunitários. Uma série de objetivos não necessariamente relacionados com o descumprimento das condicionalidades – situação que indicaria que elas estariam "sob a tensão de fatores vulnerabilizantes especialmente fortes, e que, portanto, estariam precisando de alguma atenção para reforçá-las" (p. 34).

Construindo uma nova modalidade de atendimento

Entendendo-se que a forma tradicional de se lidar com essas famílias acabava por individualizar o descumprimento da condicionalidade, já que a própria família era tida como a responsável pela baixa frequência escolar de seus filhos, foi proposta uma nova modalidade de atendimento, inspirada na orientação à queixa escolar, conforme Souza, B. (2010).

A orientação à queixa escolar, como proposto pela autora, procura fazer cruzar planos macro e microestruturais, colhendo e problematizando versões de cada participante da rede em que uma queixa é produzida, como criança, família e escola. Busca, dessa forma, fazer circular informações e reflexões, identificando, mobilizando e potencializando possibilidades de se superar a situação produtora da queixa. Segue uma abordagem breve e focal, mas que, considerando a natureza do Cras, poderia se desdobrar para outras modalidades de acompanhamento à família, a partir de demandas que emergissem nos atendimentos realizados.

Àquele momento, convidavam-se entre dez e quinze responsáveis pelos cadastros das famílias para um atendimento em grupo, em que seriam discutidas possíveis razões para o recebimento da sanção, aos moldes da triagem de orientação proposto pela autora. Nos atendimentos em grupo, que duravam cerca de duas horas, conversávamos sobre o entendimento dos pais para o que vinha acontecendo para que seus filhos faltassem à escola, já investigando e pensando-se as demandas que apareciam. Buscando uma relação horizontal, os pais eram convidados a expressar suas hipóteses, refletindo sobre elas e sobre possibilidades de enfrentamento.

Nos atendimentos realizados, era comum o estranhamento pelo recebimento da sanção. Muitos responsáveis não se lembravam de nenhuma situação de falta escolar ou falavam de situações pontuais, como um momento de doença, sendo o atestado médico apresentado à escola. Eram frequentes situações de mudança de escola, sem que o cadastro da família fosse atualizado, constando, assim, como se estivessem em outra escola. Nesses casos, atualizou-se o cadastro da família.

Nos casos em que a família reconhecia haver baixa frequência escolar, surgiam queixas variadas sobre a escola, a qualidade do ensino e as relações com professores e alunos, conforme veremos adiante. Outros casos eram de conhecimento do Cras, por se tratarem de famílias já em acompanhamento e, de um modo geral, diziam respeito a adolescentes envolvidos com o tráfico de drogas ou cujos vínculos sociofamiliares se encontravam bastante estremecidos, tendendo à situação de rua. Nesses casos, entendeu-se não haver necessidade de duplicidade de atendimento.

Raras foram as situações em que a baixa frequência escolar estava diretamente ligada a questões familiares, como uma mãe que acreditava que o filho de 8 anos poderia acordar e arrumar-se sozinho e ir para a escola, o que quase nunca acontecia, situação que foi rapidamente resolvida a partir de orientações básicas. Em outro caso, verificou-se uma situação de violência doméstica contra uma mãe, o que inviabilizava a ida da criança para a escola, e requereu o encaminhamento para órgãos competentes, como Centro de Referência Especializado de Assistência Social (Creas) e Delegacia da Mulher.

Pretendeu-se um segundo encontro, mas poucas foram as famílias que voltaram. Muitas trouxeram demandas outras, que diziam respeito a questões financeiras e dificuldades no convívio familiar, o que redundou, muitas vezes, em acompanhamento sistemático e contínuo das famílias. Percebeu-se que essa montagem permitiu ao Cras compreender melhor como o descumprimento da condicionalidade se dava, ao mesmo tempo que foi um importante momento para que as famílias pudessem conhecer o equipamento e, assim, este pudesse, mesmo inicialmente, se constituir como espaço de referência para elas.

Ao longo dos grupos realizados, entendeu-se não haver questões familiares produzindo baixa frequência escolar, que pareciam estar relacionadas a certos funcionamentos escolares. Como, então, evidenciar e enfrentar tais funcionamentos? Ora, se a proposta de trabalho do Cras seria intervir sobre aquilo que produz vulnerabilidades, era preciso conhecer de perto os contextos nos quais o descumprimento da condicionalidade se dava, isto é, a realidade das escolas da região. Para isso, passou-se a compor grupos de acordo com a escola em que crianças e adolescentes com baixa frequência escolar estudavam.

Há de se considerar que formar grupos a partir desse critério implicava um intenso trabalho anterior. Embora o cadastro das famílias fosse informatizado, o sistema trazia informações como o nome do responsável pelo cadastro, o endereço, o nome da criança com baixa frequência escolar e a sanção recebida, sem identificar as escolas em questão, o que era feito manualmente, demandando muito tempo de trabalho. Também era feito manualmente o levantamento da data de atualização do cadastro, identificando-se casos de mudança de escola não informados ao Cras.

A partir das informações trazidas pelos pais, pretendeu-se o contato com as escolas, para que fosse possível pensar juntos – Cras e escola – ações para o enfrentamento dos problemas trazidos nos grupos. Entretanto, na maioria das vezes, o contato com as escolas foi pouco viável, em virtude das dificuldades em se agendar horário com a equipe gestora da escola e da falta de retorno ao pedido de informações sobre alunos. Diante disso, investiu-se em ações de articulação da rede, com a visita a escolas e outros equipamentos do território, além de reuniões mensais com todos.

Nesse contexto, passou-se a entrar com recursos visando o cancelamento das sanções recebidas, argumentando-se não ter havido descumprimento de condicionalidade (já que a baixa frequência escolar se relacionava com questões escolares) e que a perda do benefício, com seu bloqueio, suspensão ou cancelamento, agravaria a situação de vulnerabilidade vivida pelas famílias.

Os grupos e a produção de baixa frequência escolar

No atendimento proposto, buscou-se construir um espaço de acolhimento de fato e de reflexão, para se compreender o que produzia a baixa frequência, falando-se de dificuldades vividas, sem que julgamentos de ordem moral fossem feitos, e desnaturalizando-se explicações usuais. Nesse sentido, pouco ajudava dizer que era importante que uma criança frequentasse a escola e que a família garantisse isso. Ora, se uma família não vinha conseguindo garantir a frequência escolar de seus filhos, precisaríamos entender como isso se produzia para que pudéssemos intervir.

Da mesma forma, buscou-se fugir de justificativas estereotipadas apresentadas pelas famílias, como problemas de saúde dos filhos. Essa parecia ser uma resposta perante a qual a família não seria julgada, ao mesmo tempo que não possibilitava reflexões. Bem, é fato que criança doente não pode ir para a escola; mas como se pensar a escolarização de uma criança que tem consultas médicas frequentes ou constantes crises de bronquite? Como criar estratégias para que essas crianças possam se beneficiar da escola? Essas eram perguntas que precisavam ser feitas.

No encontro com as famílias, muitas histórias que contavam sobre a produção de baixa frequência à escola. Era comum o relato sobre as dificuldades de deslocamento até a escola, em decorrência da falta de transporte escolar, o que se agravava em dias de chuva, bem como a dificuldade em comprar todo o material escolar e uniforme e em pagar taxas exigidas por algumas escolas, mesmo públicas, o que acabava adiando o início do ano letivo àqueles que não conseguissem arcar com as exigências todas. A falta de vagas no início do ano letivo ou para aqueles que haviam se mudado para a cidade em outros períodos também era comum, culminando com a situação de uma mãe que seguiu as orientações dadas pela diretora de uma escola de não matricular seu filho àquele ano, já que ela havia conseguido a vaga apenas para o fim de março e, assim, ele não conseguiria acompanhar a classe.

Muitas histórias falavam de situações de violência. Casos de adolescentes que eram ridicularizados por professores e colegas, em virtude de problemas de saúde – como manchas na pele de uma jovem com vitiligo – ou por não conseguirem aprender, eram frequentes. O tráfico, os conflitos que redundavam em agressões físicas e ameaças, também. Uma mãe, por exemplo, relatou aflita que um aluno mais velho, que traficava dentro da escola, intimidava frequentemente seu filho, que, com medo, passou a se recusar a ir para a aula. A mãe, temendo pelo filho, permitiu. Já uma outra mãe foi direta: sabia que o filho faltava à escola. Não achava adequado, mas preferia que ele, que já não conseguia acompanhar as aulas, faltasse, a ir para um local onde o tráfico dominava. "Antes faltar, a aprender o que não presta", resumiu ela.

Situações de alunos que iam para a escola diariamente, mas que não entravam na sala de aula eram frequentes. Os pais eram chamados e cobrados para que fizessem os filhos assistir às aulas e deixar de bagunçar pelos corredores. A situação era recorrente, sobretudo entre meninos adolescentes, que cursavam os últimos anos do segundo ciclo do Ensino Fundamental, e que eram pouco alfabetizados, perante os quais os professores diziam não ter o que fazer. Essas eram situações de longa data e que tendiam à ruptura total de vínculos entre o adolescente e a escola, com seu abandono.

Grande parte dessas situações dizia respeito a uma escola estadual da região, localizada em um dos bairros mais pobres, composto basicamente por uma grande favela, dominada pelo tráfico de drogas. Era tida por quase todos – pais, alunos, comunidade, professores e órgãos, incluindo Conselho Tutelar e Diretoria de Ensino – como umas das piores escolas da cidade, marcada pela alta rotatividade do corpo docente e diretivo e baixos índices nas avaliações oficiais. Em visita à escola, foi possível constatar parte dos problemas vividos ali: mato alto, paredes pixadas, sujeira pelos corredores, grades por todos os lados, ausência de portaria, de recepção e do diretor, que havia solicitado sua transferência para outra escola.

Algumas questões

Entendendo que toda a montagem do atendimento a essas famílias vinha culpabilizando-as pelo descumprimento da condicionalidade, novas ações passaram a ser pensadas, buscando a construção de possibilidades de enfrentamento do processo de produção do descumprimento da condicionalidade.

Para isso, havia a necessidade de se pensar como essas famílias vinham sendo atendidas. Na investigação das baixas frequências escolares, havia o costume de se priorizar aspectos individuais ou familiares de natureza física, emocional ou social (aqui entendido como pobreza, carências e faltas), o que repete um modo hegemônico de se lidar com essas questões, como já vem sendo reiteradamente apontado, em Patto (1999) e Souza, M. (2010), por exemplo. Dificilmente abordavam-se aspectos referentes à escola e ao processo de escolarização da criança, pouco se falando sobre a relação institucional que produzia o descumprimento.

Como já apontamos anteriormente (SARAIVA, 2016), essa lógica de familiarização de problemas sociais, políticos e econômicos parece ser hegemônica nos documentos de orientação do Ministério do Desenvolvimento Social e Combate à Fome, que buscam parametrizar as práticas nos serviços socioassistenciais. Nas *Orientações para o Acompanhamento de Famílias Beneficiárias do PBF no Âmbito do SUAS* (BRASIL, 2006), é isso que vemos. O documento inicia ressaltando a importância no PBF, ao lado da transferência de renda, da ampliação do acesso das famílias pobres a serviços de saúde, educação e assistência social, induzida pelo cumprimento das condicionalidades do Programa e pelo acompanhamento do Paif, como estratégias fundamentais para a redução da pobreza e a superação de vulnerabilidades. Aponta que as condicionalidades devem ser compreendidas como "contrapartidas de proteção exigidas", capazes de favorecer possibilidades de reivindicar acesso às condições necessárias para o desenvolvimento de capacidades essenciais dos indivíduos, cujo descumprimento indicaria o aumento da probabilidade de ocorrência de violação dos direitos. Por esse entendimento, as sanções aplicadas para descumprimentos não seriam punições, mas indicativos para o acompanhamento da família e, assim, para a prevenção de vulnerabilidades e para o desenvolvimento de ações visando o fortalecimento das famílias como sujeitos de direitos.

É importante destacar que a própria ideia de condicionalidade traz consigo e reafirma preconceitos contra famílias pobres. Carnelossi (2013) considera que a existência de condicionalidades para afiançar um direito básico, como a segurança de renda, torna este um "direito capenga", já que não necessariamente será assegurado, ante a criação de restrições em sua aplicação.

Ainda, condicionar o cumprimento de exigências a pessoas que já se encontram em situação de intensa vulnerabilidade seria um agravante.

A autora entende também que a corresponsabilidade no cumprimento de "contrapartidas" se insere em uma lógica neoliberal e escamoteia – sob a ideia de combaterem o assistencialismo – perversas maneiras de se moralizar e despolitizar a questão da pobreza, tratando-a no âmbito privado, já que se daria por questões individuais e familiares. As condicionalidades, assim, seriam formas de se separar os bons pobres – merecedores do investimento estatal – dos maus pobres, sendo estes alvo de punições. Dessa forma, as sanções aplicadas visariam disciplinar as famílias, o que evidencia um caráter nitidamente repressivo e que coloca em xeque a função protetiva e de referência do Cras, já que responsável por práticas de controle e coerção. Oliveira e Heckert (2013) e Hillesheim e Cruz (2012) corroboram essa ideia, ao entenderem o acompanhamento das condicionalidades – e outras práticas do Cras – como uma potente forma de gerenciamento e condução dessas famílias, buscando um melhor aproveitamento de suas forças.

Direitos, então, a quem merece; a quem não se contenta em "receber o peixe e se dispõe a aprender a pescar", como comumente se diz. Uma lógica que favorece práticas clientelistas e de benesse, pois o benefício passa a ser reconhecido simbolicamente como "prêmio de obediência" (CARNELOSSI, 2013). Cabe destacar que grande parte das famílias atendidas acreditava que o benefício recebido era um "incentivo" para que levassem os filhos à escola. Mas, quando questionadas se deixariam de levá-los caso deixassem de receber o benefício, imediatamente achavam um absurdo.

No processo de familiarização de problemas sociais, econômicos e políticos, verifica-se um curioso encontro entre pobreza e fragilidade de vínculos familiares. Talvez seja por isso que recebam sanções pelo "descumprimento", pois estariam deixando de cumprir sua "contrapartida de proteção". Essas famílias, então, passam a ser entendidas como tendo deixado de cumprir sua função e, por isso, desprotegem aqueles que deveriam proteger: crianças e adolescentes que deveriam ir para a escola.

Essa parece ser a lógica oficial do Cras, como podemos observar em outros de seus documentos de orientação (BRASIL, 2012). Ao falar da importância do atendimento de famílias com crianças e adolescentes que recebem o Benefício de Prestação Continuada (BPC) e das dificuldades em mantê-las na escola, os olhares voltam-se todos para a família. As "barreiras" à escola apresentadas situam-se todas na família:

- ausência de iniciativa da família para estimular o convívio sociofamiliar;

- ausência de iniciativa da família para estimular o acesso à escola;

- ausência de iniciativa da família para estimular a permanência na escola;

- dificuldade dos beneficiários em acessar a rede de serviços;

- dificuldade da família em acessar a rede de serviços;

- ausência de acompanhante para levar o beneficiário até a escola;

- ausência de cuidadores familiares (BRASIL, 2012, p. 37).

É interessante que, quando se fala em dificuldades relacionadas à escola, a família é constantemente acionada, como se nela se situassem as "causas" param tal situação. Por que a família? Não poderia se passar algo na própria escola? Não é isso que se pretende fazer no trabalho social com famílias, ao buscar conhecer o território em que vivem, as relações que habitam, o mundo em que estão? Nas barreiras citadas, o foco são as famílias: seriam elas que não teriam iniciativa, seriam delas as dificuldades em acessar serviços. Uma maneira de escrever que pressupõe a existência de serviços com condições para o atendimento de toda a população, sobretudo de crianças e adolescentes com deficiências. Algo que desconsidera a precariedade do sistema público de educação, pouco preparado para o atendimento de nosso alunado.

Mas não apenas desconsidera esse lado da precariedade da vida, como serve para afirmar a família como central, como espaço privilegiado e insubstituível. E, ao que parece, não apenas para a proteção e socialização de seus membros. A família parece ser tomada como espaço privilegiado e insubstituível na produção de problemas e vulnerabilidades. Afirma-se, assim, a família em um lugar bastante desqualificado, desconsiderando-se a produção social dos problemas vividos por essas pessoas.

Essas eram importantes questões que balizavam o atendimento das famílias, fomentando novos entendimentos para o que vinha acontecendo. O descumprimento se trata de um processo, complexo, multideterminado, no qual diversas forças estavam presentes. Descumprimento de condicionalidade entendido, então, como queixa escolar, requerendo que necessariamente avaliássemos sua produção histórica e coletiva, o que implicava, por sua vez, buscarmos o quanto era possível alterarmos essa produção, afetando os fenômenos nos quais ela ia se viabilizando, como discutem Machado e Souza (2004). Nosso objeto deixou de ser a criança ou sua família, suas dificuldades, suas deficiências, passando a ser o território no qual se dava a produção de uma família beneficiária do PBF, cujo filho está faltando na escola. A intervenção, assim, se dava sobre territórios.

Como Romagnoli (2014), entendemos os territórios como "conexões estabelecidas entre as subjetividades, espaços relacionais, de vida, de permutas, de sustentação e ruptura de vínculos cotidianos que constroem sentidos para os que lá vivem e transitam" (p. 128). Algo ligado à ideia de movimento, que se faz e desfaz, a partir de múltiplas possibilidades de conexão e que, assim, o torna ator, não um mero cenário, já que é algo que também produz modos de vida, vulnerabilidades e potencialidades. Logo, é sobre esse campo de forças, em que certas vidas vinham sendo fabricadas, que procurávamos intervir, de modo a reconfigurá-lo e, por conseguinte, poder produzir vidas mais potentes.

O descumprimento, então, deixa de estar simplesmente alocado nas famílias atendidas, dizendo respeito a um campo de forças políticas, econômicas, sociais, institucionais, culturais... Desdobram-se questões. Mesmo se uma família não valorizasse a escolarização dos filhos – o que não foi observado em nenhum dos casos atendidos, dizendo muito mais respeito a preconceitos contra essas pessoas, como já apontado por Moyses e Collares (1996) e Patto (1999), e que parecem atravessar a lógica das condicionalidades do PBF e dos profissionais –, nossa pergunta seria como esse desvalor vinha sendo produzindo no plano coletivo.

No atendimento dessas famílias, passamos a pretender outras coisas. Não mais informar, orientar – o que colocava a família em uma situação de pouca potência e de grande culpabilização. Não mais nos preocuparmos meramente com as sanções no recebimento do benefício, mas nos preocuparmos também com os efeitos do descumprimento na produção de subjetividades desses sujeitos. Mesmo que a baixa frequência escolar na maioria das vezes pouco dependia das famílias, rapidamente estas eram tidas como negligentes, omissas, despreocupadas com seus filhos e, por fim, responsáveis pela miséria que viviam. Assim, no atendimento prestado, tínhamos como horizonte tornar possível que aquelas crianças e adolescentes voltassem à escola – horizonte muitas vezes quase inalcançável, já que exigiria ações que ultrapassavam as possibilidades do Cras. Mas cabia ao Cras fortalecer vínculos familiares, isto é, a capacidade protetiva de uma família e, assim, combater estigmas seria uma importante ação.

Por fim

Na atuação e discussão sobre as condicionalidades do PBF, parece haver uma grande naturalização da educação escolar como condição central para a superação da pobreza e de desigualdades sociais. A escola, nessa perspectiva, é colocada em um lugar de redenção pessoal e social, capaz, por si só, de intervir nas mazelas do mundo, sem que se façam questões sobre o sentido da educação escolar na contemporaneidade, sua relação com o atendimento das necessidades do mercado e com um mundo cada vez mais pedagogizado, bem como as condições das escolas para o atendimento dessas expectativas, conforme nos faz pensar Aquino (2007).

O "incentivo" à frequência escolar, previsto pelo pagamento de benefícios financeiros, dessa forma, deixa de perguntar sobre a situação concreta da educação escolar oferecida à população pobre, o que acaba por, muitas vezes, culpabilizar as famílias pelo descumprimento da condicionalidade. Quer dizer, aquilo que é da esfera pública tende a se privatizar, haja vista que a garantia de escolas de qualidade, que possibilitem o acesso, a permanência e a aprendizagem de seus alunos, é de responsabilidade do poder público, não de seu público usuário.

Nesse sentido, o trabalho com esse público deve contemplar os efeitos, também subjetivos, produzidos pelas condicionalidades dos programas de transferência de renda, sobretudo em suas possibilidades de intervenção e superação nas situações produtoras de baixa frequência escolar, e minimizar o distanciamento entre escola e famílias.

Referências

AQUINO, J. G. *Instantâneos da escola contemporânea*. Campinas: Papirus, 2007.

BRASIL. Ministério do Desenvolvimento Social e Combate à Fome. *Orientações para o acompanhamento de famílias beneficiárias do Programa Bolsa Família no âmbito do Sistema Único de Assistência Social (SUAS)*. Brasília, DF: MDS, 2006.

_____. Ministério do Desenvolvimento Social e Combate à Fome. *Orientações técnicas* – Centro de Referência de Assistência Social (CRAS). Brasília, DF: MDS, 2009a.

_____. Ministério do Desenvolvimento Social e Combate à Fome. *Guia para o acompanhamento das condicionalidades do Programa Bolsa Família*. Brasília, DF: MDS, 2009b.

_____. Ministério do Desenvolvimento Social e Combate à Fome. *Orientações técnicas sobre o PAIF*: o Serviço de Proteção e Atendimento Integral – PAIF, segundo a Tipificação Nacional de Serviços Socioassistenciais. v. 1. Brasília, DF: Secretaria Nacional de Assistência Social, 2012.

CARNELOSSI, B. *A gestão das condicionalidades do Programa Bolsa Família no âmbito da Assistência Social*: uma análise crítica da sua dimensão político-ideológica. 2013. 172 f. Dissertação (Mestrado em Serviço Social) – Faculdade de Ciências Sociais, Pontifícia Universidade Católica de São Paulo, São Paulo, 2013.

HILLESHEIM, B.; CRUZ, L. R. Do território às políticas públicas: governamento, práticas psicológicas e busca ativa no CRAS. In: CRUZ, L. R.; GUARESCHI, N. (Org.). *O psicólogo e as políticas públicas de assistência social*. Petrópolis: Vozes, 2012. p. 91-105.

MACHADO, A. M.; SOUZA, M. P. R. As crianças excluídas da escola: um alerta para a psicologia. In: MACHADO, A. M.; SOUZA, M. P. R. (Org.).

Psicologia escolar: em busca de novos rumos. São Paulo: Casa do Psicólogo, 2001. p. 39-54.

OLIVEIRA, C. M. C.; HECKERT, A. L. C. Os Centros de Referência de Assistência Social e as artes de governar. *Fractal*, Niterói, v. 25, n. 1, p. 145-160, 2013.

PATTO, M. H. S. *A produção do fracasso escolar*: histórias de submissão e rebeldia. São Paulo: Casa do Psicólogo, 1999.

ROMAGNOLI, R. C. Acerca da noção de territórios no SUAS: a proposta esquizoanalítica. In: ROMAGNOLI, R. C.; MOREIRA, M. I. C. (Org.). *O Sistema Único de Assistência Social – SUAS*: a articulação entre Psicologia e o Serviço Social no campo da proteção social, seus desafios e perspectivas. Curitiba: CRV, 2014. p. 121-138.

SARAIVA, L. F. O. *A familiarização da assistência social*: promoção de direitos e gestão da vida no encontro entre vulnerabilidades, (des)proteção e periculosidade. 2016. 210 f. Tese (Doutorado) – Instituto de Psicologia, Universidade de São Paulo, São Paulo, 2016.

SOUZA, B. P. Apresentando a orientação à queixa escolar. In: SOUZA, B. P. (Org.). *Orientação à queixa escolar*. São Paulo: Casa do Psicólogo, 2010. p. 97-116.

SOUZA, M. P. R. Prontuários revelando os bastidores: do atendimento psicológico à queixa escolar. In: SOUZA, B. P. (Org.). *Orientação à queixa escolar*. São Paulo: Casa do Psicólogo, 2010. p. 27-58.

6. Psicologia no Creas: por práticas que promovam novos encontros e direitos

Jean Fernando dos Santos[1]

As políticas sociais são importantes instrumentos para promoção e acesso a direitos. O contexto atual, em virtude dos limites impostos pelas contradições na relação capital e trabalho, tem favorecido a aposta de movimentos sociais e instituições da sociedade civil nessas políticas como uma estratégia na luta pela garantia de direitos já conquistados no ordenamento jurídico.

A política de assistência social, prevista no modelo do Sistema Único de Assistência Social, traz contribuições importantes que se somam à luta por uma sociedade mais justa e igualitária, ao menos no que tange a sua perspectiva de proteção social que envolve a participação dos sujeitos na apropriação e enfrentamento da condição de desigualdade em que nos encontramos, das formas estruturantes de discriminação e violação de direitos.

No que tange às violações de direitos, o Centro de Referência Especializado de Assistência Social (Creas) tem um lugar, aparentemente, importante nessa política, sendo lócus principal de atuação para o enfrentamento de tais situações, com atribuições na perspectiva de contribuir com a oferta de trabalho

---

1 Psicólogo, trabalha atualmente em um Creas. Mestre em Psicologia Social pela Pontifícia Universidade Católica de São Paulo (PUC-SP) (jean.fernando@yahoo.com.br).

especializado para superação das situações em que direitos foram violados, bem como reduzir os agravos produzidos nessas experiências.

No entanto, desde sua instituição até hoje, os documentos de referência oficiais apresentam lacunas em relação a essas atribuições, as quais permitem interpretações diversificadas sobre seu papel na Proteção Social. Aparentemente, situa-se no lugar de um serviço de atendimento a ser referência para famílias e indivíduos com situações de violações de direitos, porém, ao mesmo tempo, as práticas denunciam ser uma referência para outros órgãos e serviços, no que tange a garantir que famílias cumpram suas responsabilidades no cuidado, proteção e adesão as orientações da rede de serviços.

Embora o documento de referência mais atual mencione que seu trabalho deve ser no sentido de promover um conjunto de ações que envolva situar a responsabilidade do Estado na promoção de direitos,[2] contextualizando as condições vividas pelas famílias, observamos práticas que atendem aos interesses de instituições, colocando o trabalho com as famílias em segundo plano e responsabilizando famílias pela sua condição.

Queremos, com este texto, a partir da experiência como psicólogo em um Creas, discutir o significado das práticas efetivadas nessa unidade, refletindo sobre algumas armadilhas do cotidiano de trabalho, desafios e contribuições da psicologia neste contexto. De antemão, apontamos que não se trata de apresentar *receitas prontas* (elas não existem) e nem resultados altamente exitosos. Buscamos discutir, a partir da psicologia, de que forma a proposta de proteção social mencionada se constitui nas práticas, bem como refletir sobre alguns desafios importantes a serem enfrentados por profissionais psicólogos (e outros profissionais).

---

2   "A centralidade das ações na família visa compreender, em um determinado contexto, como se constroem e se expressam as relações familiares entre seus membros. Essa perspectiva não visa responsabilizar a família e seus componentes no tocante às vicissitudes que vivenciam no seu cotidiano, mas contextualizar a situação vivida e recolocar o papel do Estado como provedor de direitos por meio das políticas sociais, fornecendo instrumentos de apoio e sustentação necessários para a proteção social das famílias" (BRASIL, 2011, p. 33).

Creas: que lugares são esses?

A Constituição Federal de 1988 é um marco para a assistência social enquanto política pública, mas também uma importante referência nacional que resultou da luta por direitos de diversos movimentos, muitos destes, representantes dos segmentos atendidos no Creas. Na Constituição, foram oferecidas bases para construção de legislações posteriores que responsabilizam o Estado e a sociedade na garantia de direitos e ampliação do acesso às políticas públicas.[3] Tais legislações, como a Lei Orgânica da Assistência Social (BRASIL, 1993), foram fundamentais para uma nova compreensão sobre as violações de direitos e o seu enfrentamento, sendo referências fundamentais para atuação profissional no Creas.

A Política Nacional de Assistência Social (Pnas) (BRASIL, 2004), traz as referências iniciais do que seria o trabalho a ser realizado no Creas. Nesse documento, a unidade é mencionada discretamente, ao final do texto, sendo enfatizada a oferta da política na Proteção Social Especial de Média Complexidade.[4] Tal proteção diria respeito a modalidades de atendimento destinadas a famílias e indivíduos em situação de risco pessoal e social, por questões que envolvem abandono, violência física, psíquica ou sexual, uso de substâncias psicoativas, cumprimento de medidas socioeducativas, situação de rua ou de trabalho infantil, sem o completo rompimento de vínculos familiares. Teria como objetivo "a reestruturação do grupo familiar e a elaboração de novas referências morais e afetivas, no sentido de fortalecê-lo para o exercício de suas funções de proteção básica ao lado de sua auto-organização e conquista de autonomia" (p. 37).

---

3   Estatuto da Criança e do Adolescente, Sistema Único de Saúde, Lei Orgânica de Assistência Social, Lei Maria da Penha, Estatuto do Idoso etc.

4   "São considerados serviços de média complexidade aqueles que oferecem atendimentos às famílias e indivíduos com seus direitos violados, mas cujos os vínculos familiar e comunitário não foram rompidos. Nesse sentido, requerem maior estruturação técnico-operacional e atenção especializada e mais individualizada, e, ou, acompanhamento sistemático e monitorado, tais como: Serviço de orientação e apoio sócio-familiar; Plantão Social; Abordagem de Rua; Cuidado no Domicilio; Serviço de Habilitação e Reabilitação na comunidade das pessoas com deficiência; Medidas sócio-educativas em meio aberto (PSC – Prestação de Serviços à Comunidade e LA – Liberdade Assistida)" (BRASIL, 2004, p. 31).

130 PSICOLOGIA NO CREAS

A definição sobre o que vem a ser o Creas aparece com maiores detalhes em um documento chamado *Creas – Guia de Orientação*, nº 1 – 1ª versão,[5] publicado pelo Ministério do Desenvolvimento Social e Combate à Fome após a regulamentação da Pnas, (BRASIL, [2006?]). Esse documento tem foco na caracterização da unidade, porém não aprofunda sobre suas atribuições e o trabalho a que se propõe realizar. Os serviços mencionados, brevemente, são somente os relacionados ao atendimento de crianças e adolescentes.

Em 2009, a Tipificação Nacional de Serviços Socioassistenciais (BRASIL, 2009) apresenta, de forma sistematizada, definições, referências e objetivos para o funcionamento de todos os serviços que integram o Sistema Único de Assistência Social (Suas), sendo uma importante referência para a organização dos serviços oferecidos também no Creas. No entanto, quando essa normativa foi criada, já existiam unidades do Creas estruturadas, funcionando e atendendo a demandas referentes a violações de direitos e ruptura de vínculos familiares. A Tipificação apontou parâmetros novos para o reordenamento desses serviços nos municípios brasileiros, porém trouxe diretrizes bem amplas sobre o trabalho a ser realizado. Nesse sentido, novamente não se aprofunda o que seria o trabalho a ser realizado.

Lembramos que a Tipificação menciona o Serviço de Proteção e Atendimento Especializado a Famílias e Indivíduos (Paefi), o qual hoje é compreendido como "carro-chefe da unidade", no sentido de ofertar acompanhamento especializado às famílias na perspectiva de superação das situações de violação e redução de agravos. Entretanto, até os dias atuais, o principal serviço ofertado no Creas, não possui uma referência técnica específica publicada, como existe no caso do Serviço de Proteção e Atendimento Integral à Família (Paif),[6] ofertado pelos Centro de Referência de Assistência Social (Cras) (BRASIL, 2012a, 2012b).

Dois anos após a Tipificação, é publicado um novo documento chamado *Orientações Técnicas CREAS* (BRASIL, 2011), que aponta "novas" diretrizes

---

5 O documento diz que o Creas "constitui-se numa unidade pública estatal, de prestação de serviços especializados e continuados a indivíduos e famílias com seus direitos violados, promovendo a integração de esforços, recursos e meios para enfrentar a dispersão dos serviços e potencializar a ação para os seus usuários, envolvendo um conjunto de profissionais e processos de trabalhos que devem ofertar apoio e acompanhamento individualizado especializado." (BRASIL, [2006?], p. 4-5).

6 O Paif, realizado nos Cras, possui dois manuais de orientação publicados pelo MDS – Ministério de Desenvolvimento Social: *Orientações Técnicas sobre o PAIF*, volumes 1 e 2.

sobre o trabalho realizado no Creas. Aparentemente, o que o documento faz é reafirmar, de forma mais detalhada, o que os anteriores apenas indicavam. Afirma o que não é função do Creas e ressalta suas atribuições na relação com o escopo próprio da política pública de assistência social, situando a unidade na proteção social especial de média complexidade, com responsabilidades específicas. A oferta dos serviços no Creas, neste sentido, deve orientar-se pela garantia das seguranças socioassistenciais, conforme previsto no documento de orientações técnicas e na Tipificação.

Para além de práticas imediatistas, o documento propõe intervenções continuadas, com as famílias, sistema de garantia de direitos, rede de serviços da assistência social e outras políticas públicas. Portanto, se caracteriza supostamente como um trabalho psicossocial, que foca as relações sociais e as práticas institucionais, visando ao enfrentamento de violações de direitos e atendendo aos princípios dessa política.

O documento menciona também questões relacionadas à descaracterização do serviço e aponta o que não é sua competência, defende a importância desse trabalhar dentro do escopo da política de assistência social, não sendo confundidas as suas atribuições com de outras políticas públicas ou órgãos de defesa de direitos. Esse detalhamento sobre o que não é competência do Creas teve sua importância no cotidiano dos serviços.[7] Os profissionais que lá

---

[7] "O papel do Creas e as competências decorrentes estão consubstanciados em um conjunto de leis e normativas que fundamentam e definem a política de assistência social e regulam o Suas. Devem, portanto, ser compreendidos a partir da definição do escopo desta política do Suas, qual seja, afiançar seguranças socioassistenciais, na perspectiva da proteção social" (BRASIL, 2011, p. 23).

Menciona o documento que "considerando o papel do CREAS e competências decorrentes, destaca-se que a este não cabe:

- Ocupar lacunas provenientes da ausência de atendimentos que devem ser ofertados na rede pelas outras políticas públicas e/ou órgãos de defesa de direito;
- Ter seu papel institucional confundido com o de outras políticas ou órgãos, e por conseguinte, as funções de sua equipe com as de equipes interprofissionais de outros atores da rede, como, por exemplo, da segurança pública (Delegacias Especializadas, unidades do sistema prisional, etc), órgãos de defesa e responsabilização (Poder Judiciário, Ministério Público, Defensoria Pública e Conselho Tutelar) ou de outras políticas (saúde mental, etc.);
- Assumir a atribuição de investigação para a responsabilização dos autores de violência, tendo em vista que seu papel institucional é definido pelo papel e escopo de competências do SUAS" (BRASIL, 2011).

trabalham, a partir disso, tiveram uma referência mais precisa do órgão gestor da política daquilo que não caracterizava como seu trabalho, como *a investigação para responsabilização de autores de violência,* uma exigência ao Creas por parte de outros órgãos, presente até hoje.

Porém, os documentos ainda deixam muito em aberto o que seria o trabalho do Creas e dos serviços tipificados que são de sua competência específica, sobretudo por trazer atribuições muito vagas e amplas. Essa condição tem propiciado poucas possibilidades de atendimento continuado, existindo uma situação de investimento pequeno em práticas de acompanhamentos que visam à proteção social, no sentido de garantir as seguranças socioassistenciais previstas. Lembrando que essas seguranças socioassistenciais pressupõem acolhida, promoção do acesso a serviços e fortalecimento de vínculos, inclusive por meio da convivência comunitária, e, principalmente, a participação das pessoas na construção de possibilidades para o enfrentamento das violações. No entanto, tais documentos são pouco precisos no que diz respeito à materialização desses aspectos na oferta de serviços, ficando aberto a interpretações das mais diversas.

No cotidiano profissional, a discussão sobre esses documentos e a finalidade do trabalho é fundamental, porque há compreensões diferentes, a depender da região, do município e, por vezes, variando dentro da própria rede de serviços. Apesar de reconhecermos a necessidade de um alinhamento conceitual, o qual pouco é ofertado por meio de espaços de formação continuada a gestores e trabalhadores, bem como a ausência de um documento com Orientações Técnicas mais atualizado,[8] compreendemos a realidade como complexa e contraditória e, portanto, não se trata somente de definição teórica sobre atribuições e competências, mas um olhar para essa própria realidade diversa e repleta de interesses em disputa.

A realidade de cada município e região apresenta demandas e processos de implantação da política pública que são muito diversificados. Por exemplo, há inúmeros municípios em que o Creas é regionalizado, ou seja, não possui uma unidade em seu território; outros que só atendem o serviço de

---

8   Já faz cinco anos que o Ministério do Desenvolvimento Social publicou o último documento específico sobre o trabalho no Creas.

enfrentamento de violências contra criança e adolescente; alguns que atendem pessoas em situação de rua porque não possuem Centro de Referência Especializado para População em Situação de Rua (Centro POP) no município; sem falar em municípios em que os serviços do Creas são terceirizados, algo que se dá à revelia da legislação. Além disso, há problemáticas com violações de direitos que são mais significativas em alguns locais que em outros, bem como desafios com a rede de serviços que, apesar das semelhanças, são diferentes de município para município.

Segundo Ribeiro (2010),

> *até a criação do CREAS, os serviços existentes, nessa linha de atenção, estavam divididos por segmentos sociais (crianças, adolescentes, pessoas com deficiência e idosos) e/ou tipo de demanda (violência sexual contra crianças e adolescentes, adolescentes em cumprimento de medidas socioeducativas, entre outras) em programas e projetos, em sua maioria, descontínuos, pontuais e propensos às instabilidades da política governamental, característica do atendimento assistencial durante longo tempo (p. 61).*

Há um aspecto positivo no que diz respeito à criação de uma unidade como o Creas para atendimento dessa demanda. A política pública de assistência social em sua organização passa a ter um lócus de referência que garante o acesso aos serviços para pessoas em situações de violação de direitos, com dependência menor em relação à "vontade política" local. A ampliação de unidades pelo país aponta o quanto isso é significativo,[9] com a possibilidade de municípios que acessavam pontualmente esses serviços passarem a tê-los com uma frequência maior, dada a existência de unidades no próprio município e/ou na região.

No entanto, concordamos com Ribeiro (2010) que também menciona que o Creas reúne "serviços que estavam dispersos na rede socioassistencial e que possuíam pouca (ou praticamente nenhuma) ligação entre si" (p. 65).

---

9 O Censo Suas 2014 apontava que no Brasil havia 2.372 unidades do Creas registrados na base de dados (BRASIL, 2015).

Segundo a autora, muitos municípios fizeram adaptações nos programas que já existiam em unidades de Creas (Sentinela, serviços que atendiam adolescentes autores de ato infracional, serviços de enfrentamento da violência doméstica contra a mulher etc.), aproveitando a infraestrutura que já possuíam e alterando sua nomenclatura, o que não significou necessariamente a mudança no modelo de atendimento em muitos casos.

Portanto, embora a existência do Creas possa significar um avanço relativo, na medida em que se democratiza o acesso a esse tipo de serviço em nível nacional, ainda o debate sobre as violações de direitos no âmbito da assistência social e seu enfrentamento se apresenta fragmentado e com pouca consistência.

O caráter aglutinador do Creas de diversos segmentos populacionais que historicamente até os dias atuais são vítimas de violações de direitos aponta para a complexidade de sua organização, na qual se encontram situações que abarcam fenômenos com histórias entrelaçadas, mas com acúmulos muito específicos. Em tese, atende-se em uma mesma unidade situações de violações de direitos contra crianças e adolescentes, mulheres, pessoas idosas, pessoas com deficiência, pessoas negras e LGBTT. Há grandes diferenças dentro de cada segmento também; no caso de criança e adolescente, por exemplo, se atende, em um mesmo local, questões referentes a medidas socioeducativas, violência sexual, negligência, abandono e trabalho infantil.

Considerando a política de assistência social, o que de fato seria atribuição específica do Creas no que tange ao atendimento das violações de direitos? Certamente, este texto não visa a responder essa pergunta e nem defende que se produza algum documento de referência que defina radicalmente qual seria esse papel. Porém, essas lacunas, presentes no processo de constituição do serviço, nos auxiliam a compreender alguns desafios na atuação profissional e em sua relação com as pessoas atendidas nos serviços.

O início tardio do processo de consolidação da política de assistência social, as poucas referências técnicas, a precariedade de infraestrutura e sua condição fragmentada, proporcionaram formas equivocadas de se conceber sua atuação. Por exemplo, grandes quantidades de solicitações ao sistema de justiça, ao conselho tutelar, às delegacias e a outros órgãos, tornando, por vezes, o Creas um "atendente de denúncias" com a função de sempre se reportar a outro serviço ou instituição, de forma imediata e com um parecer que fundamente as decisões desses órgãos.

Assim, o Creas em muitas realidades torna-se o "apagador de incêndios", o setor "emergência pronto-socorro da assistência social" focado nas respostas aos serviços e menos presente nas respostas às necessidades da população que, inclusive, quando conhece o serviço, teme ser prejudicada por ele.

Neste contexto, o foco sai da dita proteção social, da promoção de aquisições por meio de um trabalho continuado que visa à superação de violações de direitos e à redução de agravos para práticas de encaminhamentos, às vezes, sem sentido para as pessoas, além da produção massiva de relatórios sobre o trabalho realizado para vários serviços. Nesse caso, para além do assistencialismo e da proteção social, o que se vê é um campo de desassistência para famílias e indivíduos em situação de violações de direitos.

Pensando sobre a psicologia no Creas

Conforme Yamamoto e Oliveira (2010), a presença de psicólogos na política de assistência social não é uma novidade, inclusive, em serviços ofertados à população atendida hoje no Creas. No entanto, os autores esclarecem que essa experiência não está registrada de tal maneira que permita apreender o momento de entrada do psicólogo e o processo histórico de contribuição da profissão na área.

Os autores sugerem que há a presença de psicólogos atuando em *políticas focalizadas – como no caso de crianças e adolescentes, mulheres, idosos* – mesmo antes de sua previsão no modelo do Suas. As lutas, o processo de redemocratização e os avanços no campo dos direitos sociais contribuíram fundamentalmente para novas compreensões no campo jurídico e social sobre a dívida histórica com esses segmentos da população, garantindo novas agendas políticas, as quais proporcionaram a oferta de novos serviços para garantia de direitos e inserção de novos profissionais:

136 PSICOLOGIA NO CREAS

a partir da década de 1990, o psicólogo foi paulatinamente se inserindo em espaços institucionais com foco no atendimento a essas camadas da população que foram priorizadas pelas distintas agendas governamentais. A própria FEBEM, as casas de passagem, as delegacias de defesa da mulher, os diversos projetos da assistência social dirigidos às crianças e jovens em situação de risco e vulnerabilidade, e, ainda, as Organizações não governamentais ligadas à proteção social foram espaços de trabalho para um contingente amplo de psicólogos ao longo das décadas de 1980 e 1990 (YAMAMOTO; OLIVEIRA, 2010, p. 19).

Provavelmente, por causa do caráter específico das situações atendidas no Creas, relacionadas com sua história, que é recente, e aparente fragilidade de referências sobre sua identidade enquanto unidade, a produção científica existente sobre o trabalho do psicólogo na área é muito maior quando se trata de alguns públicos e situações específicas do que quando se refere à unidade como um todo.

As referências técnicas para atuação do Psicólogo produzidas pelo Centro de Referências Técnicas em Psicologia e Políticas Públicas (Crepop), vinculado ao Conselho Federal de Psicologia,[10] também possui esse caráter mais fragmentado, que é importante para atender às demandas específicas de cada segmento, porém existe uma única publicação de pesquisa com a discussão da atuação do psicólogo no Creas de forma geral.

Ao analisar as normativas, a proposta dos serviços e práticas de psicólogos, os próprios documentos de referência propõem a atuação do psicólogo em uma perspectiva mais generalista, que questiona modelos tradicionais, porém sem negar um olhar para integralidade do sujeito. O atendimento psicossocial é comumente mencionando, representando um olhar complexo para os fenômenos, compreendendo o sofrimento, sem reduzir-se a ele, e

---

10 Referências técnicas para atuação de psicólogas(os) em *Programas de atenção à mulher em situação de violência* (2013); Referências técnicas para atuação de Psicólogas(os) em *Programas de medidas socioeducativas em meio aberto* (2012); *Serviço de proteção social a crianças e adolescentes vítimas de violência, abuso e exploração sexual e suas famílias: referências para a atuação do psicólogo* (2009).

com uma forma de abordá-lo que questiona modelos que individualizam e patologizam as pessoas:

> Torna-se importante afirmar que o atendimento psicossocial realizado no CREAS também tem um efeito terapêutico na medida em que busca a compreensão do sofrimento de sujeitos e suas famílias nas situações de violação de direito, e visa a promoção de mudança, autonomia, superação. Entretanto, na política de assistência social, o vínculo estabelecido entre o profissional e o público do CREAS deve ser construído a partir do reconhecimento de uma história de vida, imersa em um contexto social, sem uma perspectiva individualizante. Para isto, várias atividades combinadas são importantes para provocar reflexões e novos pertencimentos sociais, que podem produzir esse efeito terapêutico que apontamos acima, tais como a realização de grupos psicossociais, a inclusão em novas sociabilidades, o retorno à escola, o apoio financeiro ou material, o acolhimento, entre outros (CFP, 2012, p. 39).

Na publicação *Serviço de Proteção Social a Crianças e Adolescentes Vítimas de Violência, Abuso e Exploração Sexual e suas Famílias: referências para atuação do psicólogo*, também do Crepop, destaca-se a abordagem psicossocial, diferenciando-a da psicoterapia:

> No caso do profissional psicólogo, não é incomum que se confunda abordagem psicossocial com psicoterapia. A abordagem psicossocial, sem dúvida, pode e deve ter efeitos terapêuticos, mas ela se distingue da psicoterapia pela forma de intervenção e pelos objetivos (CFP, 2009, p. 50).

Depois, são definidos aspectos do manejo específico do atendimento psicossocial:

> Os profissionais envolvidos no atendimento psicossocial devem, portanto, estar aptos a lidar permanentemente com o novo, sendo capazes de observar, interpretar e compreender as situações que

se apresentam. Para tanto devem ser instrumentalizados com sólido instrumental teórico (que permita leitura e interpretação da realidade apresentada) e estratégias metodológicas e técnicas (que possam ser utilizadas como referências de suas ações) (CFP, 2009, p. 50-51).

Portanto, o atendimento psicossocial se configura por uma leitura de fenômenos, considerando os indivíduos e os contextos sociais em que estão implicados, e um conjunto de ações desenvolvidas de forma planejada, que abrange estratégias individuais, grupais, interdisciplinares, envolvendo famílias e indivíduos, que podem ter efeito terapêutico, porém não se reduz a essa dimensão.

Assim, os princípios éticos, as teorias, as técnicas e os métodos, que são conhecimentos construídos e acumulados no âmbito da profissão, são instrumentais analíticos possíveis de serem utilizados a partir da realidade que o escopo específico dessa política pretende atender.

Há uma realidade a ser interpretada com um conjunto de conhecimentos da psicologia (produzidos em diversos campos – como a psicologia social, clínica, educacional etc. –, pautada em uma perspectiva teórica e orientada por princípios éticos e políticos, construídos no âmbito da profissão) e normativas das políticas públicas com a finalidade de atingir alguns objetivos relacionados com as competências do Creas.

Compreende-se uma prática que envolve leitura de fenômenos e ações, a partir de conhecimentos da psicologia, que não necessariamente se utiliza de técnicas comuns, tradicionais e específicas da profissão. No entanto, estão respaldados em princípios teóricos que oferecem a base para a leitura dos fenômenos e a construção de ações, a partir dos estudos de casos, discussão em equipe e reflexão com as/os famílias/indivíduos atendidos.

As situações vivenciadas pelas famílias e indivíduos atendidos no CREAS podem ter repercussões diferenciadas, que podem ser agravadas ou não em função de diversos aspectos (contexto de vida, acesso à rede e direitos, ciclo de vida, deficiência, rede social de apoio, gênero, orientação sexual, deficiência, uso, abuso ou dependência de álcool ou outras drogas, condições materiais, etc). Isso implica reconhecer que, diante das situações vivenciadas, cada família/indivíduo atendido no CREAS demandará um conjunto de atenções específicas, de acordo com suas singularidades, o que deverá orientar a construção do Plano de acompanhamento Individual e/ou Familiar (BRASIL, 2011, p. 27).

As intervenções são construídas a partir dessa leitura particular, que, pelos nossos fundamentos, é psicológica, mas também social, política, jurídica e econômica, considerando a realidade das situações de violência contra crianças e adolescentes, idosos, pessoas com deficiência, mulheres, pessoas negras e pessoas LGBTT, dentro das competências do Creas.

Com isso, certamente, o psicólogo esbarra em limites da sua formação e história, enquanto profissão voltada para práticas individualizantes do comportamento (YAMAMOTO; OLIVEIRA, 2010), e se depara também com os desafios próprios do processo da consolidação da política pública, que, entre seus problemas, no caso do Creas, apresenta a fragilidade nas definições de seu papel e atribuições.

Yamamoto e Oliveira (2010), ao analisar práticas de psicólogos na assistência social, a partir dos documentos de referência da política e daqueles produzidos na Psicologia, concluíram que:

> *Na proteção especial, o foco gira em torno da ressocialização e da reinserção social e familiar, seja daqueles que sofreram abuso/exploração, seja dos que cumprem medida socioeducativa... As dificuldades são várias e dizem respeito a aspectos decorrentes da situação de pobreza e destituição do público atendido, ao desconhecimento do trabalho do psicólogo e à falta de condições e de autonomia para a realização das suas ações (p. 22).*

Em meio às lacunas, há um espaço no qual ocorrem práticas diversas em psicologia (e de outras áreas), desde aquelas que atendem a uma perspectiva de ajustamento e adaptação dos sujeitos a modelos de cidadãos, famílias, e ao funcionamento de outras políticas setoriais; até perspectivas na qual as pessoas atendidas participam ativamente na construção de alternativas de enfrentamento das situações de violações de direitos, com a possibilidade de ajustamento das políticas às necessidades humanas.

Problematizando práticas no Creas

Partimos de uma compreensão na qual o ser humano é um "ser social e singular, síntese de múltiplas determinações, que nas relações com o social (universal) constitui sua singularidade por meio das mediações sociais (particularidades/circunstâncias específicas)" (AGUIAR; OZELLA, 2013). Uma compreensão que dialoga com Vygotsky (1989), para quem a constituição dos seres humanos ocorre em um processo de internalização de atividades e formas culturais de condutas construídas nas relações e modos de vida humanos, por meio dos signos constituídos e desenvolvidos ao longo da história humana.

Nessa concepção, a ideia de mediação se torna fundamental para compreensão dos processos que envolvem a relação objetividade–subjetividade na constituição dos fenômenos.

> *Ao utilizarmos a categoria mediação possibilitamos a utilização, a intervenção de um elemento/um processo, em uma relação que antes era vista como direta, permitindo-nos pensar em objetos/processos, ausentes até então. Assim, [...], subjetividade e objetividade, externo e interno, nesta perspectiva, não podem ser vistos numa relação dicotômica e imediata, mas como elementos que, apesar de diferentes, se constituem mutuamente, possibilitando um a existência do outro numa relação de mediação (AGUIAR; OZELLA, 2013, p. 302).*

Neste sentido, a compreensão das mediações sociais presentes no processo de constituição dos seres humanos, suas posições e as situações que enfrentam, permite a construção de outras mediações possíveis com intuito de enfrentamento das diversas formas de violência (inclusive, institucionais), as quais famílias e indivíduos atendidos no Creas vivenciam, bem como o seu acolhimento e promoção da participação dessas pessoas, enquanto sujeitos ativos, na construção de possibilidades para mudanças e transformações, por meio da mudança de sentidos e significados.

Atender sujeitos que vivenciam situações de violações de direitos implica reconhecer a *historicidade*[11] presente nessa experiência humana, construída a partir de condições materiais, e que estão disseminadas em nossa cultura por meio dos processos de socialização. Assim, as formas de conceber e ofertar o cuidado e a atenção para pessoas crianças, adolescentes, idosas, com deficiência, não se refere apenas aos indivíduos e famílias envolvidas, mas representa a superação de questões estruturantes que estão relacionadas com a história de como se tem lidado com infância, juventude, envelhecimento, deficiências.

Raramente, as situações recebidas para atendimento no Creas são solicitações da família/indivíduo que será acompanhada. E nessas solicitações, em algumas ocasiões, a expectativa dos serviços, instituições que encaminharam ou das pessoas que fizeram a "denúncia", é que o Creas investigue a suspeita de violação de direitos, identifique os responsáveis e proceda com medidas como a responsabilização das famílias e a institucionalização, por exemplo, de crianças, adolescentes, idosos e pessoas com deficiência.

Em uma situação,[12] por exemplo, um serviço encaminha um relatório, sem muitos detalhes, com algumas informações:

> *As crianças Pedro (2 anos) e Bia (6 anos) e o adolescente Paulo (13 anos) são negligenciadas pelos pais, Victor e Morgana. As crianças ficam alguns dias em casa sozinhas, sem alimentação e higiene; Paulo passa o dia na rua, vende balas no farol; os pais fazem uso de álcool. As crianças ainda se encontram em situação de risco.*

---

11 Para aprofundar, ver Gonçalves (2007).

12 Nas situações citadas, os nomes não são verdadeiros, mas as histórias são ilustrativas e emblemáticas.

Em situações como essa, temos observado que, com a finalidade de responder ao serviço demandante, realizam-se práticas focadas em verificar a veracidade das informações e promover a inserção de famílias em outros serviços, com a exigência de atendimentos sistemáticos da família. E, quando esta não comparece e não cumpre com os encaminhamentos, não é incomum a compreensão de que o acompanhamento não deu certo porque a família *"não aderiu"*, o que acarreta, por vezes, o envolvimento de órgãos de responsabilização (Delegacia, Ministério Público, Tribunal de Justiça etc.).

Essa ideia de "não adesão", comum em muitos serviços da rede de atendimento, é no Creas, ao mesmo tempo, a exposição das limitações de profissionais perante suas condições precárias de trabalho (infraestrutura, fragilidade em termos de espaços de formação continuada, a imprecisão do lugar social do Creas) e a sua contribuição na culpalização de famílias por suas condições precárias de vida.

Noções como negligência, vulnerabilidade e risco pouco dizem de fato sobre a situação em que se encontra uma determinada família. Cruz e Guareschi (2014) alertam sobre o altíssimo número de famílias encaminhadas por motivos socioeconômicos, utilizando-se a ideia de que a criança se encontra em risco por negligência dos pais como justificativa comum nas situações de abrigamento:

> *Apesar de a criança não poder ser retirada de sua família por motivo socioeconômico, o quesito pobreza ainda determina grande parte dos abrigamentos, apesar de encontrarmos como motivo de ingresso uma denominação que consideramos substitutiva: "negligência dos pais". Ou seja, como a condição socioeconômica não justifica o abrigamento, aliás, até o impede, é preciso encontrar outro motivo que o justifique. A chamada "negligência dos pais" parece ter sido a alternativa encontrada (CRUZ; GUARESCHI, 2014, p. 27-28).*

As autoras não se referem especificamente ao Creas, no entanto, a cena cabe bem em seu contexto, no qual as ditas situações de negligência estão entre a maioria dos encaminhamentos recebidos. Desta forma, a partir dessa ideia de "negligência", o que se tem visto são famílias pobres tornarem-se o alvo de um serviço que visa acompanhamento para o fortalecimento de vínculos, sem especificar exatamente que trabalho é esse a ser realizado.

Fala-se de fortalecimento de "vínculos" que estão comprometidos e prejudicados por situações em que os direitos estão violados, geralmente com ocorrência de diversas formas de violências (negligência, abandono, violência psicológica, física, sexual, situação de trabalho infantil e de rua etc.), nos quais a família, na prática, é sempre compreendida como "violadora de direitos". Aparentemente, tais vínculos dizem respeito às possibilidades de proteção e cuidado, por meio de núcleos afetivos de referência e o acesso a direitos viabilizado por instituições, nesses momentos críticos decorrentes de um processo social de exclusão e violência.

O enfrentamento dessas condições, no âmbito da Proteção Social Especial de Média Complexidade, executada no Creas, supostamente visa essa aposta nos núcleos afetivos de referência e na promoção do acesso a uma provisão institucional por meio de orientações, encaminhamentos, de forma geral, ações continuadas, planejadas e sistemáticas no fortalecimento dos tais vínculos para superação das situações e redução de agravos. Este é o caráter especializado do serviço, com olhar para a complexidade de questões específicas, atuando com ações sistemáticas. Nesse sentido, as ações de acompanhamento são aparentemente fundamentais, no entanto, pouco se sabe de sua efetividade para as famílias atendidas. O que se sabe é das práticas que atendem a perspectiva de avaliar as condições das pessoas para cuidar e proteger crianças, adolescentes, pessoas idosas e pessoas com deficiência, atendendo às demandas das diversas instituições. Com essas práticas, a não adesão das famílias ao trabalho do Creas e de outros serviços passa a ser um problema exclusivamente das famílias e indivíduos, sem considerar contextos e limitações dos próprios serviços e políticas públicas.

O adolescente que cumpre medida socioeducativa terá de se envolver em um plano de atendimento no qual teve pouca participação na construção. A família da criança terá de se ajustar e atender a um conjunto de metas para evitar acolhimento institucional. Geralmente, essas metas e planos têm a ver com comparecer aos outros serviços de educação, saúde, assistência social, os quais psicólogos e assistentes sociais julgam ser necessários para superação da situação que os levou até ali.

Portanto, o Creas responde a diversas instituições quanto às "vítimas" estarem protegidas ou não, as famílias terem condições ou não de oferecer esses cuidados, às responsabilidades que a família e/ou o adolescente cumpriu daquilo que foi pactuado com o serviço. Essas ações têm um caráter mais normativo do que de proteção, assim, alguém diz o que é "proteger bem" crianças, adolescentes e idosos, e as famílias devem se adaptar.

Nessa perspectiva, o Creas não inova em nada. Hillesheim e Cruz (2009) discutem a relação entre risco e vulnerabilidade em políticas de atendimento à *infância em situação de risco*. Em sua análise crítica, as autoras sugerem, de forma bem ilustrativa, uma lógica que orienta essas políticas: *infância + pobreza = vulnerabilidade = risco = perigo*. Portanto, em uma sociedade que busca a *gestão do risco*, reduzindo a "vulnerabilidade mediante ações mitigadoras, pode-se diminuir o risco e, consequentemente, o perigo" (p. 80). A compreensão de um risco que deve ser evitado, por meio de trabalho com famílias em situação de risco e vulnerabilidade, é uma justificativa comum em encaminhamentos elaborados para o Creas ou mesmo para sua permanência em acompanhamento.

As práticas do psicólogo, nesse cotidiano, não estão alheias ao conjunto de significados que são constituídos nessas relações institucionais e suas práticas de caráter normativo. Nessas práticas, entre um conjunto de fatores, destacamos que não se credita importância às experiências de convivência e ao conhecimento produzido pelas pessoas atendidas na solução de seus problemas e dificuldades, bem como na construção de uma compreensão dos problemas sociais que as abarcam como sugere, de forma vaga, a própria política. A ausência de espaços coletivos de discussão e produção de encontros entre as pessoas atendidas no Creas, apesar da indicação, mesmo que genérica, das próprias normativas, denuncia um jeito de operar que fortalece o discurso do técnico, negando o reconhecimento das potencialidades das pessoas atendidas.

Guareschi (2010) alerta sobre mecanismos ideológicos pautados em uma visão de ciência que desqualifica o *conhecimento espontâneo de pessoas comuns*.

a primeira exclusão que é estabelecida, e da qual muitas outras derivam, é a exclusão de determinados conhecimentos que possam questionar os saberes institucionais estabelecidos. Sendo que os conhecimentos provêm de determinadas práticas, eliminam-se estas práticas alternativas ou perigosas, para que não ocasionem mudanças ou perda de privilégios e poderes (GUARESCHI, 2010, p. 156).

Há a necessidade de produzir novas formas de se relacionar no contexto das políticas públicas que possam ir para além de *concepções tecnocráticas* que fazem parte de cotidiano, na qual é privilegiado o olhar do especialista (PONTUAL, 2010) em detrimento da participação de todos na construção de espaços públicos.

Cruz e Guareschi (2014), ao discutir sobre psicologia e política de assistência social, propõem um olhar do psicólogo sobre suas próprias práticas, questionando a forma como estamos implicados:

questionamos se na análise de nossas implicações, dos especialistas da Psicologia, não estaríamos contribuindo e até fomentando ao acúmulo de demandas e tarefas, "que a gente não dá conta" [...] além de culpabilizar famílias, ajudar na manutenção da norma, psicologizar frente às questões sociais, classificar e categorizar a vulnerabilidade social, enfim, até que ponto nossas ações têm se configurado como dispositivos de controle sobre famílias e os sujeitos? Lançamos, então, alguns desafios para as próximas décadas: estranhar o que nos parece familiar e articular a dimensão política na formação em psicologia e políticas públicas, propor ações que não operem na perspectiva da normalização, enfim, acreditar na potência dos sujeitos (p. 31).

Por fim, compreendemos que a psicologia, somando-se a outras áreas do conhecimento, tem um importante papel de resistência no Creas, na perspectiva da criação de espaços que propiciem a expressão, o diálogo e a convivência. Questionando concepções cristalizadas que visam ao ajustamento de famílias

146 PSICOLOGIA NO CREAS

e indivíduos atendidos às políticas, buscando provocar encontros e experiências potentes no sentido da participação de crianças, adolescentes, jovens,
mulheres, pessoas LGBTT, pessoas idosas, pessoas com deficiência e suas
famílias, na responsabilização das diversas instâncias do Estado pela garantia
de direitos e na construção de formas de enfrentamento das diversas situações
violações de direitos.

Referências

AGUIAR, W. M. J.; OZELLA, S. Apreensão dos sentidos: aprimorando a proposta dos núcleos de significação. *Revista Brasileira Estudos Pedagógicos*,
Brasília, DF, v. 94, n. 236, p. 299-322, jan.-abr. 2013.

BRASIL. Ministério do Desenvolvimento Social e Combate à Fome. *Política
Nacional de Assistência Social*. Brasília, DF: Secretaria Nacional de Assistência Social, 2004.

_____. Lei nº 8.742, de 07 de dezembro de 1993. Dispõe sobre a organização
da assistência social e dá outras providências. 1993. Disponível em:
<http://www.planalto.gov.br/ccivil_03/LEIS/L8742compilado.htm>.
Acesso em: 19 dez. 2016.

_____. Centro de Referência Especializado de Assistência Social. Secretaria
Nacional de Assistência Social. Ministério do Desenvolvimento Social e
Combate à Fome. *Guia de Orientação* – versão n. 1, Brasília, DF, [2006?].

_____. Secretaria Nacional de Assistência Social. Ministério do Desenvolvi-
mento Social e Combate à Fome. *Orientações técnicas*: Centro de Referência
Especializado de Assistência Social. Brasília, DF, 2011.

_____. Ministério do Desenvolvimento Social e Combate à Fome. *Orientações
técnicas sobre o PAIF*: o Serviço de Proteção e Atendimento Integral –
PAIF, segundo a Tipificação Nacional de Serviços Socioassistenciais. v. 1.
Brasília, DF: Secretaria Nacional de Assistência Social, 2012a.

_____. Ministério do Desenvolvimento Social e Combate à Fome. *Orientações
técnicas sobre o PAIF*: trabalho social com famílias do Serviço de Proteção

e Atendimento Integral – PAIF. v. 2. Brasília, DF: Secretaria Nacional de Assistência Social, 2012b.

_____. Conselho Nacional de Assistência Social. *Tipificação de Serviços Socioassistenciais*. Resolução nº 109, de 11 de novembro de 2009. Brasília, DF (reimpressão 2013).

_____. Ministério do Desenvolvimento Social e Combate à Fome. *Censo SUAS 2014* – Resultados Nacionais, Centros de Referência Especializados de Assistência Social, CREAS. Brasília, DF, Coordenação-Geral de Vigilância Socioassistencial. Secretaria Nacional de Assistência Social. 2015. (Mimeo).

CONSELHO FEDERAL DE PSICOLOGIA. *Referências técnicas para Prática de Psicólogas (os) no Centro de Referência Especializado de Assistência Social – CREAS*. Conselho Federal de Psicologia. Brasília, DF: CFP, 2012.

CONSELHO FEDERAL DE PSICOLOGIA. *Serviço de proteção social a crianças e adolescentes vítimas de violência, abuso e exploração sexual e suas famílias*: referências para atuação do psicólogo. Brasília, DF: CFP, 2009.

CRUZ, L. R.; GUARESCHI, N. M. F. Articulações entre a psicologia social e as políticas públicas na assistência social. In: _____; _____. (Org.). *O psicólogo e as políticas públicas de assistência social*. Petropólis: Vozes, 2014. p. 15-34.

GONÇALVES, M. G. M. A psicologia como ciência do sujeito e da subjetividade: a historicidade como noção básica. In: BOCK, A. M. B.; GONÇALVES, M. G. M.; FURTADO, O. (Org). *Psicologia sócio-histórica*: uma perspectiva crítica em psicologia. 3. ed. São Paulo: Cortez, 2007.

GUARESCHI, P. Pressupostos psicossociais da exclusão: competitividade e culpalização. In: SAWAIA, B. (Org.). *As artimanhas da exclusão*: análise psicossocial e ética da desigualdade social. 10. ed. Petrópolis: Vozes, 2010.

HILLESCHEIM, B.; CRUZ, L. R. Risco, vulnerabilidade e infância: algumas aproximações. In: CRUZ, L. R.; GUARESCHI, N. M. F. (Org.). *Políticas públicas e assistência social*: diálogo com práticas psicológicas. Petrópolis: Vozes, 2009. pp. 70-85.

PONTUAL, P. *Educação popular e incidência em políticas públicas*. In: ANPEd, 33, Caxambu, 2010.

RIBEIRO, A. B. *O psicólogo na proteção social especial*: atuação junto às vitimas de violação de direitos no CREAS. 2010. 196 f. Dissertação (Mestrado em Psicologia) – Centro de Ciências Humanas, Letras e Artes, Universidade Federal do Rio Grande do Norte, Natal, 2010.

VIGOTSKI, L. S. *El desarrollo de los procesos psicológicos superiores*. 2. ed. Barcelona: Editorial Crítica, 1989.

YAMAMOTO, O. H.; OLIVEIRA, I. F. Política social e psicologia: uma trajetória de 25 anos. *Psicologia: Teoria e Pesquisa*, Brasília, DF, v. 26, 2010. Número especial.

7. Do acolhimento institucional à Terra do Nunca

Dailza Pineda[1]

> *Nos velhos tempos, quando eles ainda estavam em casa, a Terra do Nunca sempre tinha começado a ficar um pouco escura e ameaçadora perto da hora de dormir.*
>
> J. M. Barrie

Como transbordar a experiência com o tema do acolhimento institucional para este livro? Eis um dos desafios que o convite para dele participar se impôs de imediato. Mais um, diante da complexidade e das provocações que compõe a assistência social.

Trabalharemos a partir de um recorte construído em dois eixos de nossa prática, a saber, as ressonâncias de uma pesquisa acadêmica e o trabalho em um serviço de acolhimento institucional para crianças e adolescentes. Estamos chamando de "recorte" o modo de olhar que constitui esta escrita no momento e com as peculiaridades com que lhe dirige o foco. Assim, acreditamos que

---

1 Psicóloga e mestre em Psicologia Escolar e do Desenvolvimento Humano pela Universidade de São Paulo (USP). Atua, desde 2010, como psicóloga no Sistema Único de Assistência Social (Suas), trabalhando atualmente em um Centro de Referência de Assistência Social (Cras) no município de Barueri (dailzapineda@gmail.com).

o recorte não é ingênuo, nem está aquém ou além de seu objeto, mas sempre atrelado a ele, intencionado e ativo. Pois "o conhecimento é sempre uma certa relação estratégica em que o homem se encontra situado [...] por isso seria totalmente contraditório imaginar um conhecimento que não fosse obrigatoriamente parcial, oblíquo, perspectivo" (FOUCAULT, 2003, p. 25).

A referida pesquisa acadêmica compôs um mestrado em Psicologia intitulado *Acolhimento institucional e modos de subjetivação* (PINEDA, 2012). Nele, pretendíamos analisar as maneiras pelas quais os adolescentes que, naquele momento, viviam em instituições de acolhimento diziam de si, dos outros e de seu cotidiano. Para tanto, realizamos dez entrevistas com meninas e meninos de 13 a 17 anos, de três diferentes serviços da cidade de São Paulo. A escolha das instituições e dos adolescentes foi um tanto aleatória, já que perguntávamos apenas quais deles poderiam e gostariam de falar.

Durante os mesmos anos em que se realizava tal empreitada, tive o (por vezes) privilégio de compor a equipe técnica de um serviço de acolhimento institucional, vivendo, portanto, seu dia a dia de outra forma, não como pesquisadora, mas como psicóloga, tomada pelas questões mais diversas, das mais simples às mais cheias de variáveis. Esse acolhimento institucional era um serviço em destaque, considerado como um dos modelos desse tipo de atendimento. O que não significa, de maneira alguma, que se tratava de uma instituição perfeita ou exemplar. Afinal, levando-se em conta a complexidade das instituições, não achamos que as práticas possam ser inteiramente capturadas e, então, replicadas como um modelo. Ou seja, não há garantias de que, transportando o que acontecia de mais bem-sucedido naquele contexto específico para outros lugares, se poderia produzir os mesmos sucessos.

Assim, entendemos que as boas práticas podem, por vezes, servir de alguma inspiração, mas não como um padrão rígido a ser perseguido. Que possam apontar princípios de trabalho e não práticas em si, pois estas se constroem sempre nas especificidades de cada contexto. Mas façamos um retrocesso para entendermos que serviço é esse e para quem ele é oferecido.

Infância e juventude no Brasil: um breve histórico

Sabemos que os temas relativos à infância e à juventude em situação de abandono e/ou infração, sobretudo em condições de pobreza, são preocupações vigentes em nosso país. Basta olharmos a intensa apresentação de projetos de lei e emendas constitucionais que têm como foco ações voltadas a esse público.[2] Ocorre que, embora seja atual, não se trata de uma problemática nova.

Esta história começou junto com a colonização do Brasil. Aproximadamente na década de 1550, têm-se registros das chamadas "Casas dos Muchachos", que tinham por intuito "civilizar" as crianças indígenas, fazendo-as conviver com os órfãos portugueses da mesma faixa etária. No século XVIII, por sua vez, houve a criação do "Sistema de Rodas" ou "Roda dos Expostos", modelo instituído pela Santa Casa de Misericórdia e que vigorou de 1726 a 1950. Tratava-se de um dispositivo que possibilitava o recebimento incondicional de crianças, normalmente recém-nascidos, cujas existências poderiam representar ofensa à "moral pública", como nos casos em que estas crianças eram provenientes de uniões ilegítimas. Durante o período Imperial (1822-1889), tivemos, ainda, a criação das Companhias de Aprendizes, destinadas ao recrutamento e treinamento militar dos meninos órfãos ou abandonados.

A partir da análise de Rizzini (1993) sobre o fim do século XIX, não há possibilidade de desvincularmos a preocupação com a infância pobre e a normatização da sociedade. Afinal, havia uma pretensão explícita de eliminar desordens que fossem expressão dos problemas sociais da época, os quais se expandiam veementemente por ocasião do crescimento do capitalismo industrial. Desse modo, a década de 1890 foi marcada pelo surgimento da Diretoria Geral de Higiene e Assistência Pública do Rio de Janeiro e do Instituto Sanitário Federal, ambos com o fim de promover o higienismo social, ao mesmo tempo, sanitário e assistencial. A saúde e o bem-estar urbanos passaram a ser associados a um regulamento social produzido pela intolerância e pela eliminação dos desvios em relação à norma vigente. A partir de então, a infância pobre passou a ser alvo de interesse de uma nova intervenção assistencial que se denomina filantropia e se caracteriza pelo mote da caridade e da suposta ausência do Estado, "no sentido de proteger e assistir a infância 'desvalida', mas também, de aliviar a consciência de uma sociedade envergonhada e ameaçada com sua presença" (RIZZINI, 1993, p. 26).

---

2   Um dos debates mais recentes, de meados de 2015, versou sobre a possibilidade de redução da maioridade penal (PEC171/1993).

150 DO ACOLHIMENTO INSTITUCIONAL À TERRA DO NUNCA

Em 1940, Getúlio Vargas reestabelece a centralização e o controle estatal das intervenções na infância, criando o Serviço de Assistência a Menores (SAM), que visava à centralização e ao maior controle sobre as intervenções na infância, que passam a ser vistas como questão de segurança nacional. Modelo este que, em pouco mais de uma década, passou a ser fortemente questionado por conta das inúmeras denúncias de irregularidades administrativas e operacionais, mobilizando as autoridades para a necessidade de criação de um novo padrão de assistência, ainda com base no que se entendia por segurança nacional.

Foi assim que, nos anos de 1964 e 1976, durante o regime militar, têm-se a criação da Fundação Nacional do Bem-Estar do Menor (Funabem) e da Fundação Estadual do Bem-Estar do Menor do Estado de São Paulo (Febem–SP), respectivamente. Essas instituições, regidas pelo Código de Menores,[3] passaram a explicitar que a infância e a juventude no Brasil tinham se tornado um problema de Segurança Nacional. Estavam baseadas no paradigma corretivo e na lógica de que se internando o "carente", se poderia evitar o "abandonado", logo, o "infrator", resultando em uma internação em massa de crianças pobres.

A década de 1980 ficou conhecida como período de redemocratização, tendo sido marcada pela efervescência dos movimentos sociais e pela efetivação de um estado de direito com a promulgação da Constituição Federal de 1988 (BRASIL, 1988). No que concerne à infância e à juventude, tivemos a publicação do Estatuto da Criança e do Adolescente (BRASIL, 1990), que trouxe novas propostas de entendimento e atendimento às situações que envolvem crianças e adolescentes.

Vimos, mesmo rapidamente, que a história da institucionalização da infância no Brasil começou cedo e, de lá para cá, muitas foram as concepções e modelos adotados, sendo o Serviço de Acolhimento Institucional para Crianças e Adolescentes (Saica), ainda conhecido como "abrigo", o mais recente deles.

---

3   O Código de Menores foi a legislação que precedeu o Estatuto da Criança e do Adolescente e que, durante mais de sessenta anos, regeu os atendimentos e os entendimentos das situações envolvendo infância e juventude no Brasil. O primeiro Código de Menores data de 1927, promulgado pelo Juízo de Menores (criado em 1923), marcando a intervenção do Estado na regulação dessas práticas. Em 1979, ainda durante o regime militar brasileiro, foi feita uma reformulação do Código de Menores anterior, no entanto, não foi proposto um rompimento com as ideias presentes no documento de 1927, apenas uma readequação, persistindo seu tom discriminatório, assistencialista e repressor.

Trata-se de um equipamento previsto e regulamentado pelo Estatuto da Criança e do Adolescente (ECA, 1990), Política Nacional de Assistência Social (PNAS, 2004), Sistema Único de Assistência Social (NOB/SUAS, 2005) e Plano Nacional de Promoção, Proteção e Defesa do Direito de Crianças e Adolescentes à Convivência Familiar e Comunitária (2006).

Ao abrigo cabe a *proteção social especial de alta complexidade*[4] que abarca as situações de violação dos direitos de crianças e adolescentes, envolvendo risco pessoal e social, de tal forma a produzirem impedimento de sua permanência no contexto familiar de origem. De acordo com a Política Nacional, essas situações compreendem "ocorrência de abandono, maus-tratos físicos e, ou, psíquicos, abuso sexual, situação de rua, situação de trabalho infantil, entre outras" (PNAS, BRASIL, 2004, p. 37). Vale ressaltar que a precariedade da condição econômica familiar não se caracteriza, por si só, como critério de acolhimento institucional. Trata-se, portanto, de uma estratégia extrema, relacionada aos casos considerados mais graves que envolvam rompimento de vínculos.

O serviço de acolhimento institucional caracteriza-se por ser um *local provisório*,[5] destinado à proteção e ao cuidado integral de crianças e adolescentes de 0 a 17 anos e 11 meses.

Acolhimento institucional e modos de subjetivação

Na pesquisa citada aqui, utilizamos o método da "Análise Institucional do Discurso" (GUIRADO, 2010), que nos apresentou uma possibilidade de construção da subjetividade não pelo que estava sendo dito – como uma realidade acabada, mas no ato de dizer. Baseados em Foucault (2006), entendemos

---

4   "Os serviços de proteção social especial de alta complexidade são aqueles que garantem proteção integral – moradia, alimentação, higienização e trabalho protegido para famílias e indivíduos que se encontram sem referência e, ou, em situação de ameaça, necessitando ser retirados de seu núcleo familiar e, ou, comunitário" (PNAS, BRASIL, 2004, p. 38).

5   A Lei 12.010/2009 impõe "o aperfeiçoamento da sistemática prevista para garantia do direito à convivência familiar a todas as crianças e adolescentes, na forma prevista pelo Estatuto da Criança e do Adolescente". De tal forma a estabelecer um prazo-limite de dois anos para o acolhimento institucional de crianças e adolescentes, com ênfase na necessidade de reavaliação semestral de cada situação, dando maior concretude à "provisoriedade da medida de proteção" que o Estatuto da Criança e do Adolescente propõe.

que o discurso se faz como jogo de forças, ou seja, o modo como se diz algo, o que se mostra, a luta que se trava pelo direito de dizê-lo, produz efeitos concretos na realidade em que se insere, nos lugares que configura. De tal forma que o discurso não é apenas a fala, mas tudo aquilo que diz, mostra ou dispõe.

Nestes dizeres produzidos nas e pelas entrevistas, estivemos preocupados, sobretudo, com os lugares forjados, em ato, nas práticas cotidianas de uma instituição casa-abrigo. Possuíamos um pequeno roteiro como norteador que continha algumas perguntas ou temas fundamentais, mas, no geral, nos concentramos em fazer os entrevistados falarem das situações concretas que viviam. Após as transcrições integrais das entrevistas, operamos uma desmontagem do discurso, destacando as repetições de imagens, a adjetivação de pessoas e situações, o lugar sintático ocupado por palavras e o papel dos personagens nas cenas que constituímos. Em seguida, construímos uma reorganização dos discursos por temas que mantinham relações entre si, isto a fim de delinear processos de subjetivação possíveis nessas práticas de acolhimento institucional.

É importante dizer que, nessa perspectiva teórica, a subjetividade se constitui como efeito de relações sociais concretas, por isso, sempre colocada como um processo e não como algo dado ou interno. A subjetividade se desenha necessariamente nas relações e em seu movimento. Desse modo, temos um sujeito produzido nas estratégias poder/saber, nas práticas regionais e nos discursos: um sujeito forma, não essência.

Pelas análises das entrevistas, percebemos um movimento constante, marcado pela prevalência de verbos de ação ao falar de seu cotidiano. Como se tivessem sempre indo, voltando, saindo, chegando, fazendo...

Dailza – *Como é o dia?*

Bianca[6] – *É levantar, escovar o dente, tomar café, organizar nossa cama, nosso guarda-roupa... tipo, na semana não dá pra mexer no computador, porque eu acordo essa hora, ajudo a tia, vou tomar banho agora e saio pra ir pra escola. Aí eu volto só umas oito horas, sete... a hora que eu chego, eu tomo banho, janto e peço pra tia.*

---

6   Os nomes dos entrevistados e aos que eles se referem são fictícios, para garantir o sigilo de informações vigente nos princípios éticos da pesquisa acadêmica. No caso, foi sugerido aos próprios meninos e meninas entrevistados que escolhessem nomes para si.

Dailza – *Queria que você me contasse um dia.*

Caio – *Um dia? Como assim?*

Dailza – *Um dia seu.*

Caio – *O que eu faço num dia? Ah, eu trabalho, né? Tô trabalhando, daí, hoje eu num fui por causa da condução, eu passo o dia inteiro fora, eu saio às oito, oito horas daqui, lá, dez horas, e saio quatro de lá, e venho pro abrigo.*

Dailza – *O que é a escala?*

Daniela – *Escala é varrer, assim, o quarto, passar pano...*

Dailza – *Sempre tem escala?*

Daniela – *Todo mundo faz, até os pequenos.*

Dailza – *O que você mais gosta de fazer na escala?*

Daniela – *É... varrer.*

Dailza – *O que você menos gosta?*

Daniela – *Passar pano, todo mundo fica passando...*

Esse movimento nos pareceu produzir sujeitos sempre "de passagem", sem âncoras. Meninos e meninas que não param. Além disso, as falas referentes ao acolhimento carregavam um tom passageiro. Isto legitima a tese da construção de "um abrigo volátil e descartável" (OLIVEIRA; MILNITSKY--SAPIRO, 2007).

O aspecto provisório do abrigo é entendido juridicamente como uma proteção à condição de institucionalização permanente, uma contraposição ao antigo modelo dos orfanatos em que a criança passava toda a infância e adolescência. No entanto, nossa pesquisa apontou, como seu revés, a impossibilidade de vinculação do adolescente a um abrigo específico, trazendo marcas desse "sujeito-passagem". A partir disto, nossa hipótese é a de que, quando a provisoriedade assume um caráter definitivo, entram em jogo mais instabilidades e incertezas na vida desses jovens. Este é um aspecto paradoxal, por que não dizer, perverso, do novo modelo que pretende abolir a institucionalização permanente, mas que, no rebote, institucionaliza a passagem de um abrigo a outro. De modo que, o tempo de permanência continua longo, entretanto, não apenas em um lugar, mas em vários.

Dailza – *Por que ela [irmã de Mariana] foi embora?*

Mariana – *Por causa que ela aprontava demais, ela teve que ser mandada prum outro abrigo. Aí ela foi pro outro abrigo, depois fugiu.*

Dailza – *E ela é sua tia ou você considera ela como uma tia?*

Gabriela – *Não, porque ela me buscava desde o outro abrigo e ela continua me buscando aqui.*

Dailza – *Em quantos abrigos você já ficou?*

Caio – *...Abrigo? já passei em uns... porque, assim, tem diferença entre abrigo e CRECA,[7] né? CRECA eu já passei em uns cinco e em abrigo, dois.*

Dailza – *E qual é a diferença?*

Caio – *Ah, a diferença é que falam que CRECA fica meses, né? Num fica ano e abrigo fica ano.*

Como se, atualmente, estivéssemos diante de uma multiplicação do espaço institucional. Desta vez, as camas não estão juntas em um mesmo saguão, mas se interligam simbolicamente pela onipresença de uma marca que se institui na produção de uma subjetividade "de" abrigo. Aqui o "de" funciona

---

7   O equipamento Centro de Referência da Criança e do Adolescente (Creca) foi criado em 2005 pela Secretaria Municipal de Assistência e Desenvolvimento Social de São Paulo, com o objetivo de acolher institucionalmente, sendo "porta de entrada", com permanência máxima de dois meses, sobretudo de crianças e adolescentes em situação de rua, para, em seguida, encaminhá-los aos serviços de acolhimento regular ou famílias de origem. O Creca foi extinto em 2011, por ação da Promotoria da Infância e Juventude do Estado de São Paulo, no entendimento de que não garantia os direitos preconizados no ECA, fosse por superlotação, relatos de práticas ilícitas em suas dependências e agressões aos adolescentes, ou mesmo por falta de fiscalização por parte da Prefeitura.

como uma locução adjetiva, que indica qualidade, mas não necessariamente pertença. Algo, então, que vai criando marcas identitárias: "de abrigo" passa a definir quem esses adolescentes são.

Dailza – *O que, em sua opinião, é mais difícil de morar num abrigo?*

Gabriela – *Mais difícil? Quando eu saio pra algum lugar, as pessoas ficam perguntando pra mim que eu sou de abrigo.*

Dailza – *O que você fala?*

Gabriela – *Ah, eu fico meio sem graça.*

[...]

Dailza – *E o que você pensa... Que as pessoas que moram em abrigo...? O que elas têm em comum?*

Gabriela – *Ah, eu num penso nada, porque eles também são de abrigo, né? Mas alguns têm mãe, têm pai que vai visitar, que nem eu, eu tenho minha irmã e ela vem me visitar.*

Sobre a descrição do abrigo como marca identitária, chamamos a atenção para o fato de, ao descrever "momentos bons aqui (no abrigo)", conforme a pergunta solicitava, os entrevistados responderem com vivências em outros lugares, fora dali. O "aqui" não referia, portanto, ao abrigo como local, mas como condição, de modo a poder transportar-se para o parque ou a praça sem se descaracterizar. Desse modo, poderia estar operando a cristalização de um lugar subjetivo, pelo reconhecimento de uma indisfarçável marca que configura o "ser de abrigo", ainda que fora deste ambiente.

Dailza – *Eu queria que você lembrasse um dia aqui que você tenha achado muito bom.*

Juliana – *Aqui? O dia do meu aniversário de 15 anos.*

Dailza – *Como foi?*

Juliana – *Foi legal, buffet, tudo. Aí foi festa com garçom, com DJ...*

Dailza – *A festa foi aqui mesmo?*

Juliana – *Não, foi lá... foi numa igreja, foi num lugar alugado, um salão.*

Dailza – *Queria que você me contasse um dia aqui que você tenha achado bom.*

Bruno – *Quando eu saí pro Hopi Hari.*

Dailza – *Como foi o dia?*

Bruno – *Foi legal, foi todo mundo.*

Dailza – *Todo mundo quem?*

Bruno – *Foi eu, os meninos e a tia.*

Dailza – *E como foi lá?*

Bruno – *Foi legal. Fiquei com uma menina lá e depois voltei pra cá.*

Dailza – *Me conta um dia que tenha sido ruim.*

Bruno – *Ruim é nós não poder sair.*

Dailza – *Você diz que é difícil quando as pessoas ficam perguntando...*

Gabriela – *É, tipo, você tá dentro de um lugar, né? Fica uma semana fora, aí você tem que ir pra um lugar, pra casa de um amigo, aí você tem que falar, né? Falar que você tá vindo de abrigo, aí eles ficam meio assim.*

Outro ponto importante foi a aparente impossibilidade de se lembrar, uma espécie de pulverização do registro mnêmico, daí o surgimento de sujeitos desmemoriados. Sobre isso, pontuamos a sensação comum que tivemos, ao ouvir e ler as entrevistas, de que a rotina, embora muito carregada de verbos de movimentos e espaços físicos (lugares), parecia sempre esvaziada de pessoas, sentidos e sentimentos. De modo que foi predominante nas análises o desenho de um "fazer por fazer/ir por ir", sem que as ações parecessem convocar os entrevistados a se posicionarem do ponto de vista afetivo, configurando a produção de um automatismo, bem como de uma rotina impessoal e solitária.

Caio – *O que mudou? ... ah, muitas coisas.*

Dailza – *Fala aí algumas.*

Caio – *Ah, uma é que eu assim... o que mudou em mim é que, assim..., eu era uma pessoa que era muito sozinha, num gostava de conversar com ninguém, agora eu converso com todos, tem coisa que eu nem me lembro, eu já passei em tanto lugar que vai passando e num dá pra lembrar.*

Nesse sentido, notamos ainda que o verbo "morar" na grande maioria de suas ocorrências como resposta está relacionado ao fora do abrigo e à família. Sem o perceber, no momento das entrevistas, insisti em usá-lo nas referências ao abrigo, o que não foi contestado em palavras, embora os entrevistados não manifestem adesão ou reconhecimento da relação abrigo–morar.

Dailza – *Por que você foi abrigado?*

Ricardo – *Porque eu fazia coisa de errado quando eu morava com a minha mãe.*

[...]

Dailza – *E daqui a dez anos?*

Ricardo – *Dez anos... Acho que eu não vou tá aqui... é, eu não vou tá aqui.*

Dailza – *Você vai estar onde?*

Ricardo – *Vou tá morando sozinho já.*

Em longo prazo (dez anos), Ricardo tem a possibilidade de usar o verbo "morar" novamente, a outra ocorrência da conjugação acontece no início da entrevista em "quando eu morava com a minha mãe".

Dailza – *O que é mais fácil de morar num abrigo?*

Bruno – *Nada. Pra mim, nada. É importante eu tando aqui, melhorar minha vida.*

Dailza – *O que que é mais difícil de morar num abrigo?*

Aline – *Mais difícil? Ah, por causa que chega gente nova... Agora, quando eu cheguei aqui, pra mim era difícil, que eu não conhecia ninguém, eu não me dei bem com os outros, eu me acostumei mais no outro abrigo, mas hoje... É, já me dei bem. Fiz três anos nesse abrigo, aí... Tô bem.*

Podemos configurar, por conseguinte, o abrigo como uma relação tempo–espaço entre duas possibilidades de morar, formando um hiato. No passado, moraram e, no futuro, irão morar, porém, no presente, este verbo não é usado.

É quase impossível introduzir esta questão sem pensarmos na ideia de pertencimento. Para isso, nos reportaremos ao conceito–processo de *territorialização/desterritorialização* (DELEUZE; GUATTARI, 2010). O território é entendido como uma construção interina, melhor dizendo, um movimento permanente de entrada e saída do habitual ao novo, sem nunca perder a possibilidade do "vice-versa". De modo que, o território poderia ser definido como uma composição de sentidos, organizações, configurações e contornos a partir da qual se forja a oportunidade de abertura para o desconhecido. Assim,

> *Os seres existentes se organizam segundo territórios que os delimitam e os articulam aos outros existentes e aos fluxos cósmicos. O território pode ser relativo, tanto a um espaço vivido quanto a um sistema percebido no seio do qual um sujeito se sente "em casa" (GUATTARI; ROLNIK, 1986, p. 323).*

Aqui, nos permitimos uma pequena digressão para algumas perguntas que se impuseram: como o sujeito pode articular-se ao não-lugar? Quais as possibilidades de organização deste "sujeito-passagem"? O que significa o reconhecimento de si como um "sem casa"? Seria essa "casa" uma possibilidade de habitar o tempo presente? Por fim, que territórios se articulam e de que forma se fazem na constante desterritorialização?

Terminamos a apresentação de alguns dos conteúdos oriundos da pesquisa com a constatação de que a ideia de maioridade (18 anos) esteve associada às palavras "sonho" e "saída" – momento que aparece como o mais aguardado e como verdadeiro divisor de águas. Momento das projeções em que os jovens se viram "bem" ou "melhor" do que no presente. Na relação com o futuro, ao menos na pesquisa, predominaram o otimismo e a esperança. Este último tema é justamente o que usaremos para começar a pensar em um possível recorte de articulação entre a pesquisa e o cotidiano em um serviço de acolhimento, não pelas semelhanças, mas por terem se construído como cenários díspares.

Um abrigo entre outros

Ao mesmo tempo que produzia a dissertação, estive na função de psicóloga em outro abrigo. Tratava-se de uma instituição que era vista de fora para dentro e, principalmente, de dentro para fora como uma espécie de suprassumo desse tipo de atendimento.

Entre suas características mais importantes, destaco: o esforço cotidiano por relações mais pessoalizadas e afetivas, em que todos se tratavam pelos nomes, inclusive em relação aos funcionários, por exemplo, raramente ouvíamos "tio" ou "tia" quando se referiam a nós; a assembleia como o espaço para resolver e lidar com a maior parte dos problemas que ali aconteciam; passeios e viagens eram sistematicamente viabilizados, com o intuito de viver com as crianças e adolescentes novas situações e, com isso, ampliar nosso repertório de mundo; a necessidade do reconhecimento das individualidades, fosse por meio da garantia de pertences e espaços próprios, fosse pela tentativa de promover um atendimento individualizado, de acordo com as características e demandas de cada um; a valorização do livre acesso das famílias, abolindo o famigerado "horário de visitas"; a recusa à prática da medicalização de questões comportamentais e afetivas; entre outras tantas práticas que, de fato, faziam este abrigo singular entre os demais.

Não demorava muito para aqueles – em sua maioria adolescentes – que, muitas vezes, chegavam arredios, fossem se achegando, se aproximando e logo se sentindo parte daquele cotidiano, daquela comunidade (que era mesmo o que, sem falsa modéstia, queríamos ser). Aos poucos, conforme se sentiam confiantes no espaço, iam por lá se espalhando. Mas, obviamente, nem tudo eram flores.

Com o passar dos anos, a hora de sair se aproximava mais e mais e o abrigo, certamente, pretendia prepará-los para isso – trabalhar, estudar, retornar às casas de suas famílias, dividir casa com um amigo, tudo isto estava no horizonte. Mas, como a vida é toda cheia de imprevistos, com muita frequência, acontecia de os adolescentes "bem preparados", ao sentirem a porta de saída se abrir, retrocederem aos seus dias mais desorganizados e insistirem em situações que atestavam para uma surpreendente inaptidão diante da maioridade ou da própria família. Vocês poderiam me dizer que isto está plenamente contemplado na experiência de qualquer um de nós, no momento em que saímos da casa de nossos pais, não fosse pela gravidade das enrascadas em que esses meninos e meninas se envolviam, às vésperas de fazerem as malas. Ao contrário da casa dos pais, as portas não estariam mais abertas – e eles sabiam disso.

Destarte, a situação é muito mais complexa do que poderíamos imaginar *a priori*, uma instituição reconhecida como um lugar para se morar, solucionava alguns problemas, claro, mas criava outros. Havia um perigo, por vezes sutil, de o abrigo ser tão "aconchegante" a ponto de se tornar um substituto mais-que-perfeito da família de origem – pobre e desajeitada.

Essa é uma tarefa árdua que se impõe ao abrigo: ser um lugar de passagem, que não deve se tornar uma clausura. Não ser indiferente, mas também não ser diferente demais, cujo risco último é se tornar uma terra encantada, cheia de fadas, sereias, piratas, peles-vermelhas...

Incursões à Terra do Nunca[8]

Sem dúvidas, o leitor já desvendou a metáfora da "terra encantada" a que nos referíamos, terra esta que habita nosso imaginário há muito – a Terra do Nunca, onde vive Peter Pan.

A leitura desta clássica história infantil nos remeteu a alguns aspectos explorados ao longo do presente capítulo, aos quais podemos retomar antes do ponto final. A Terra do Nunca é uma ilha com cenários, criaturas e situações, ao mesmo tempo, maravilhosos e aterrorizantes. Por ser composta de múltiplos elementos (basicamente, tudo o que uma criança pode imaginar) e,

---

8   *Peter and Wendy* foi publicado originalmente por James Matthew Barrie, em 1911, mais tarde renomeado como *Peter Pan* (BARRIE, 2012).

principalmente, por "nada parar quieto", e pelo fato de "as coisas andarem bem rápido", é descrita por ser um local "bastante confuso".

Este "nada parar quieto" nos interessa sobremaneira, afinal, temos configurado em nossa escrita a ideia desses meninos e meninas que estão sempre indo e vindo, sem parada, errantes por definição. Para descrever essas subjetividades, nos apegamos à ideia da produção de um "sujeito-passagem". Neste mesmo sentido, podemos definir o Nunca como o lugar (ou seria o não-lugar?) em que se está, não estando.

> *Nesta noite, as forças principais da ilha estavam organizadas da seguinte maneira: os meninos perdidos estavam procurando por Peter, os piratas estavam procurando pelos meninos perdidos, os peles-vermelhas estavam procurando pelos piratas, e as feras estavam procurando pelos peles-vermelhas. Eles estavam andando em círculos na ilha, mas não se esbarravam, pois caminhavam todos na mesma velocidade (BARRIE, 2012, p. 83).*

Vocês devem se lembrar que Peter Pan é um menino que não se lembra de nada e, certa vez, ele diz à Wendy: "Sabe, não conheço história nenhuma. Nenhum Menino Perdido conhece história nenhuma". Aliás, no período em que vivem na Terra do Nunca, Wendy e seus dois irmãos passam a esquecer sua vida pregressa. Trata-se do Nunca, dos sujeitos desmemoriados. Reiteramos a ideia de que a memória se constitui de um importante componente afetivo, lembramos (ou nos esforçamos por esquecer) as coisas que, de alguma forma, nos tocam emocionalmente.

Os habitantes dessa terra encantada "são crianças que caem dos carrinhos quando as babás estão distraídas. Se ninguém vai buscar essas crianças em sete dias, elas são mandadas para um lugar bem longe" (BARRIE, 2012, p. 63). Qual não foi a nossa surpresa quando nos deparamos com o texto original, pois, inicialmente, isto não constava em nossa ideia de articulação. Mas, por motivos óbvios, não podemos nos privar dessa caracterização.

"Todas as crianças crescem, menos uma", trata-se de nosso protagonista, o sempre menino Peter Pan. Não crescer é estar também para sempre associado à tutela de alguém, no caso dele, das pequenas e perversas fadas. No caso de nossos meninos e meninas, sobretudo daqueles que não querem ir embora, dos serviços socioassistenciais.

Estamos falando, pois, do abrigo como um território movediço: não vemos como acolher sem criar pertença, porém, não podemos perder de vista os perigos de a instituição engolir os sujeitos a quem acolhe, aprisionando-os. Um paradoxo, sem dúvida, que constitui não apenas o abrigo, mas o campo da assistência social como um todo. E, como bom paradoxo, pede que, no mínimo, não esqueçamos que ele existe e que nos espreita.

Referências

BARRIE, J. M. *Peter Pan*. Rio de Janeiro: Zahar, 2012.

BRASIL. Constituição. Constituição da Republica Federativa do Brasil. Brasília, DF: Senado, 1988.

_____. Lei Federal nº 8.069, de 13 de julho de 1990. Dispõe sobre o Estatuto da Criança e do Adolescente e dá outras providências. Brasília, DF, 1990.

_____. Proposta de Emenda à Constituição – PEC171/1993. Brasília, DF: 1993.

_____. Ministério do Desenvolvimento Social e Combate à Fome. Resolução nº 145, de 15 de outubro de 2004. Aprova a Política Nacional de Assistência Social. Brasília, DF: MDS, 2004.

_____. Ministério do Desenvolvimento Social e Combate à Fome. Norma Operacional Básica/Sistema Único de Assistência Social (NOB/SUAS). Brasília, DF: MDS, 2005.

_____. Ministério do Desenvolvimento Social e Combate à Fome. Plano Nacional de Promoção, Proteção e Defesa do Direito de Crianças e Adolescentes à Convivência Familiar e Comunitária. Brasília, DF: MDS, 2006.

_____. Lei Federal nº 12.010, de 03 de agosto de 2009. Dispõe sobre adoção. Brasília, DF, 2009.

DELEUZE, G.; GUATTARI, F. *O anti-Édipo*: capitalismo e esquizofrenia. Rio de Janeiro: Editora 34, 2010.

FOUCAULT, M. *A verdade e as formas jurídicas*. 3. ed. Rio de Janeiro: NAU Editora, 2003.

_____. *A ordem do discurso*. 14. ed. São Paulo: Loyola, 2006.

GUATTARI, F.; ROLNIK, S. *Micropolítica*: cartografias do desejo. Petrópolis: Vozes, 1986.

GUIRADO, M. *A análise institucional do discurso como analítica da subjetividade*. São Paulo: Annablume; Fapesp, 2010.

OLIVEIRA, A. P. G.; MILNITSKY-SAPIRO, C. Políticas públicas para adolescentes em vulnerabilidade social: abrigo e provisoriedade. *Psicologia: Ciência e Profissão*, Brasília, DF, v. 27, n. 4, dez. 2007.

PINEDA, D. *Acolhimento institucional e modos de subjetivação*. 2012. 166 f. Dissertação (Mestrado em Psicologia) – Instituto de Psicologia, Universidade de São Paulo, São Paulo, 2012.

RIZZINI, I. *Assistência à infância no Brasil*: uma análise de sua construção. Rio de Janeiro: Ed. Universitária Santa Úrsula, 1993.

8. Abrigo e cidadania: em busca da potência da precariedade[1]

Mariana Peres Stucchi[2]

Este trabalho é fruto de reflexões de minha prática nos abrigos para crianças e adolescentes da cidade de João Pessoa, a partir do Projeto Fazendo Minha História (FMH).[3] Esse contato permitiu olhar e escutar educadores e técnicos, bem como crianças e adolescentes das casas de acolhimento da cidade, levantando questões sobre qual a função do acolhimento e quais os maiores desafios enfrentados.

Neste texto, pretendo levar a discussão para a função de formação de cidadãos que essa instituição carrega. Portanto, o percurso do artigo será um pouco sinuoso: inicio discutindo a realidade encontrada nos abrigos; seguindo por pontos do desenvolvimento psíquico individual importantes para a saúde do grupo que esses meninos e toda a equipe formam, uma vez que entendo que um não se constrói sem o outro – grupo e indivíduo se constituem

---

1 As contribuições de Juliana Bustamante Kavakama, Daniel de Campos Antiquera e Luís Fernando de Oliveira Saraiva foram fundamentais para este trabalho.

2 Psicóloga e mestre em Psicologia Escolar e do Desenvolvimento Humano pelo Instituto de Psicologia da Universidade de São Paulo (IPUSP). Doutoranda em Psicologia Clínica pela Universidade Católica de Pernambuco (Unicap) (maristucchi@yahoo.com.br).

3 Projeto do Instituto Fazendo História (Oscip de São Paulo) que visa garantir espaço de expressão para as crianças abrigadas, oferecendo um olhar individual a elas e a possibilidade de registrar sua história de vida – com suas dores e amores –, o que auxilia no processo de construção de sua identidade e de seu futuro.

constantemente –; e por último percorrerei alguns autores que ajudam na construção de uma forma de pensar o contexto social – que forma e é formado por esses educadores e acolhidos, assim como enfocarei uma possibilidade de enfrentamento dos desafios que o abrigo coloca.

Quero chamar a atenção para o potencial do trabalho com o coletivo, com a noção de que cada um, com sua singularidade, faz parte de um grupo no qual um depende do outro. Ou seja, há um processo de constituição de um psiquismo com possibilidade de estar em grupo, que precisa de experiências para aprender a conviver com esse grupo. Não apenas valorizar e diferenciar o um, mas olhar para o "todos" e pensar sobre responsabilidade e necessidade de convivência construtiva, pensando que o outro também soma e não apenas ocupa espaço e dificulta a realização do eu – que parece ser a tendência social nesse momento em que se isolar e se proteger tem sido a escolha de muitos.

Pretendo refletir sobre o lugar do abrigo enquanto possível contribuinte para a construção de uma sociedade mais saudável, na qual seus componentes se veem como parte de um todo, compreendendo cidadania como pertença ao coletivo da sociedade. Então, direitos e deveres existem por pertencermos a um coletivo pelo qual temos responsabilidade e não no qual nos servimos de direitos e culpamos a outros pelos problemas. *"Não adianta fazer nada que tudo está perdido"* ou *"eu vou salvar esta criança com meu amor"*, não são falas literais de educadores, mas uma construção que faço a partir da escuta de muitos deles, que indica a dificuldade em compreender o contexto paradoxal no qual vivemos. São frases que ilustram o desafio que a realidade hoje apresenta e o desafio enfrentado para se enxergar como parte de um todo sob o qual se tem responsabilidade e do qual se depende.

Ao ver tudo como perdido, a pessoa pode se afastar da responsabilidade de sustentar valores e princípios caros à vida coletiva e pensar apenas em sua sobrevivência (e talvez nem nesta). Ao achar que seu amor salvará, a pessoa pode estar entendendo que, antes, aquela criança não teve amor, que o mundo é cruel e errado, e precisa desse amor para ser salva. Ou seja, em ambas as posturas há dificuldade em olhar de maneira mais ampla para a complexidade humana que nos traz ao cenário de abismo social entre ricos e pobres, além de enorme dificuldade de muitas famílias a enfrentar as intempéries para cumprir com suas responsabilidades sozinhas.

Se os educadores pensam que famílias que não cuidam devidamente têm mau caráter ou não têm vergonha (e muitos expressam esta opinião, mesmo que alguns, posteriormente, tentem se corrigir) e enfrentam assim seu dia a dia pessoal e no trabalho, pode ser mais difícil oferecer às crianças experiências em que aprendam a conviver, a se responsabilizar e a arcar com as consequências de suas escolhas, já que manterão a ideia de que há uma forma certa de viver a vida e quem não a pratica é fracassado. Não se oferece uma reflexão sobre a complexidade das escolhas e de se sustentar a convivência, por exemplo. Apenas se vê no outro o culpado pelo sofrimento.

É importante pontuar que estas impressões sobre as famílias dos acolhidos não nascem nos educadores sem uma bagagem histórica e cultural. Ou seja, as crianças abrigadas e suas famílias carregam o estigma, criado historicamente, de serem incapazes e más, como nos apresentam Maria Antonieta Motta (2008, p. 24) e Sonia Altoé (2008, p. VIII). Para que abrigos possam acolher, é necessário problematizar incansavelmente esta visão criada ao longo do tempo, de forma a desvencilhar relações indevidamente automatizadas.

Sendo assim, busco aqui dialogar com alguns conceitos de diferentes teóricos e com minha prática à frente do Projeto Fazendo Minha História, para refletir sobre a potencialidade do trabalho do abrigo e de seus educadores na formação de cidadãos. Parto do pensamento do pediatra e psicanalista Donald Winnicott para construir a reflexão sobre a possibilidade de valorização da coletividade. E uso Judith Butler, Norbert Elias e Christophe Dejours para trazer alguns elementos que, na minha compreensão, ajudam a olhar para a realidade e o desafio do trabalho de acolhimento, que está inserido em um contexto sociocultural ainda carente de respostas para melhor qualidade de vida de seus integrantes. A "precariedade" de Butler, o "nós" de Elias e a "saúde" de Dejours, me ajudam no desenho de uma possibilidade de olhar para as relações dentro do abrigo que refletem as relações sociais em geral e que, por meio desses autores, indica a necessidade de remar contra a maré e oferecer resistência a um individualismo exacerbado.

Entendo que faço uma provocação para pensarmos em propostas novas que demandam muito trabalho, mas que são fundamentais para que o acolhimento atenda às necessidades das crianças como pessoas e como cidadãos.

O acolhimento possível em João Pessoa

Por iniciativa do juiz da Vara da Infância, o projeto foi levado aos abrigos da capital paraibana.[4] A proposta é criar álbuns da história de cada criança acolhida para ajudá-la a perceber a riqueza de experiências que viveu e vive. Alguns pensam que abrigo não é lugar para criança e que essa fase de sua existência deve ser esquecida, apagada. Porém, nessas instituições, as crianças vivem diferentes momentos, conhecem diferentes pessoas, fazem aniversário, ganham presente, experimentam novos sabores, vão a lugares diferentes etc. Tudo isso faz parte da construção de quem são – que diz respeito ao espaço onde vivem, às pessoas com quem convivem, ao contexto social que acompanham etc. Toda essa expressão é estimulada no projeto a partir da leitura de livros infanto-juvenis selecionados. Isto é, a mediação de leitura – de um adulto com uma ou mais crianças – pode estimular a criança a falar, desenhar, escrever sobre suas experiências ou mesmo sobre o que aquela história a faz pensar.

Cada um das casas de acolhimento definiria uma dupla de sua equipe que ficaria responsável pelo projeto, auxiliando com o espaço dos livros, com os horários dos colaboradores (voluntários que a coordenação do projeto forma para atuar no FMH), com momentos de leitura de histórias, com o cuidado com os álbuns das histórias das crianças. Por mais que definissem uma dupla, frequentemente esta tinha dificuldade em atuar, por estarem todos muito ocupados. Uma pessoa da equipe dava alguma orientação, mas o que acontecia mesmo era que o espaço dos livros (montado com doação do Instituto Fazendo História) era usado pelas crianças apenas nos momentos em que a coordenadora do projeto visitava as casas e quando um colaborador ia encontrar uma criança para construir seu álbum.

---

4   O Juiz Fabiano Moura de Moura esteve em um evento em Campinas, São Paulo, em que o Projeto Fazendo Minha Historia (FMH) foi apresentado, e se interessou muito por ele, solicitando que a equipe do Instituto Fazendo História o desenvolvesse em João Pessoa. Quando cheguei à cidade, o projeto já havia tido um primeiro momento de apresentação e tentativa de implantação, porém, a coordenadora responsável não pode assumi-lo integralmente e, no segundo semestre de 2011, houve maior mobilização das casas da capital e de Campina Grande para avançar nessa empreitada. Dessa vez, a ONG paulista acompanhou por dez meses o desenrolar do projeto, além de doar materiais e livros para montagem de um espaço de leitura em cada casa inscrita – como vem fazendo na mobilização de diversos estados brasileiros a partir de sua solicitação e de editais para financiamento de iniciativas sociais.

A dificuldade na implementação do Projeto Fazendo Minha História (FMH) na cidade de João Pessoa pode ser vista como um exemplo da dificuldade da equipe em entender o potencial de seu trabalho, em acreditar no potencial das crianças e da vida em sociedade. Tanto educadores quanto equipe técnica falavam que as crianças dos abrigos não se interessavam por livros, não sabiam cuidar deles e não ouviam as histórias. Diziam que a equipe já tinha muito trabalho e que não haveria quem pudesse investir no projeto, que trabalho voluntário envolvia muitos problemas, que os meninos só ficavam pedindo presentes etc.

Não é o objetivo deste artigo destrinchar a dificuldade de implementação do projeto em João Pessoa, mas também é importante apontar que ela se deve a uma série de fatores e que a opinião dos educadores tem sua parcela de razão.

Sim, as crianças não sabiam cuidar dos livros ou manuseá-los e não prestavam atenção a uma história longa. Mas esse é um hábito que precisa ser construído. Em casa, na biblioteca pública, na escola, na casa da avó ou dos amigos, e até mesmo na rua – em qualquer espaço – um adulto pode ensinar e estimular a criança a cuidar do que é de todos; a cuidar dos livros, que têm cores e formas tão bonitas, além de palavras que contam histórias que falam de pessoas como ela e de coisas que acontecem na vida ou nos sonhos de todo mundo; pode-se ensinar a criança a prestar atenção ao que o outro conta, pois pode ser muito interessante; a falar o que pensa, pois também pode ser muito legal trocar suas impressões e lembranças com aqueles de quem gostamos e com quem convivemos etc. Enfim, o exercício de roda de leitura pode trabalhar pontos importantes para a convivência dentro da casa. Não apenas por meio do exercício de regras de convivência e cuidado, mas também por ajudar as crianças a compartilhar suas emoções e impressões, o que colabora na elaboração de suas experiências de vida.

Muitas vezes, os comportamentos difíceis das crianças se devem à sua dificuldade para compreender o que estão vivendo e em conseguir lidar com o sentimento produzido por aquela experiência de vida. Mas os educadores, e mesmo a equipe técnica, não se mostravam muito abertos a escutar e dar colo a essas emoções difíceis. Aparentando estar muito pouco preparados, assim como muito pouco amparados, para lidar com tamanha carga emocional, preferiam dizer *"tudo vai melhorar"* e *"vamos brincar"* ou deixar a criança de castigo, caso implicasse um comportamento que trouxesse maiores complicações.

Em João Pessoa, é muito comum a visão de que os educadores não devem se envolver com os acolhidos para não sofrer quando forem embora. Posição complicada, que quer sanar um problema sem encará-lo de frente, que inviabiliza um trabalho mais dedicado e aprofundado. Nunca pensaram em trabalhar de forma mais coletiva as situações difíceis, para que todos pudessem aprender com a situação e aprender a cuidar uns dos outros? É muito provável que sim, mas é um grande desafio que carrega também uma bagagem histórico-cultural sobre o público atendido, sobre concepções de trabalho, sobre realidade social brasileira e paraibana etc. Ainda mais que são meninos que devem ficar pouco tempo na casa, pois a Lei nº 12.010,[5] de 2009, diz que devem retornar a suas famílias o mais rápido possível.

Em pouco tempo, o que pode fazer aquela equipe, sem formação específica para encarar o desafio de trabalhar com o abandono, a separação, a violência, a negligência, que inclusive, muitas vezes, faz parte da história dos próprios profissionais? Profissionais que recebem mal e que, muitas vezes, não têm direitos trabalhistas garantidos?

Além disso, implementar trabalho voluntário é realmente complexo, uma vez que é necessário desconstruir preconceitos e a visão assistencialista da sociedade para atuar em abrigos, a qual considera que é preciso dar coisas às crianças, e que isso é suficiente. Passini, Fromer e Ferreira (2012) discutem o desafio do trabalho voluntário com crianças e adolescentes de comunidades pobres, mostrando que a visão assistencialista, que desvaloriza e estigmatiza crianças e adolescentes pobres, dificulta um trabalho pautado no vínculo afetivo, a partir do qual se poderá falar de si e por si.

Muitos voluntários veem apenas o benefício de sua atuação para a criança, sem refletir sobre o seu ganho com a relação estabelecida.

---

5   Chamada Nova Lei da Adoção, essa lei revê o percurso de adoção e, consequentemente, interfere no acolhimento, por exemplo, com o tempo de abrigamento, que deve ser de no máximo dois anos. Ela estipula as audiências concentradas que levam o juiz e a equipe a cada casa, a cada seis meses, para discutir os casos de cada família e cada criança, visando diminuir o tempo de afastamento familiar. Quando não é possível reencaminhar à família de origem, a criança é colocada no Cadastro Nacional de Adoção.

Quanto aos voluntários, observa-se também, muitas vezes, a dificuldade em fazer tal distinção (do lugar das crianças como sujeitos que podem falar de si), uma vez que tendem a trazer consigo para as relações com as crianças/adolescentes os preconceitos presentes na sociedade em que estão inseridos, desejando suprir materialmente esse público (PASSINI; FROMER; FERREIRA, 2012, p. 108).

Muitos voluntários atuam nos abrigos, querendo dar roupa, brinquedo, chocolate, e até casa e família. Uma das ideias muito trabalhadas na formação dos colaboradores do Fazendo Minha História é a de que as crianças acolhidas querem uma referência, querem alguém que as escute, que as olhe, dê atenção por alguns momentos e explique algumas de suas dúvidas, de forma respeitosa. Esta é a maior necessidade. Alguns dos poucos colaboradores que atuaram com o projeto em João Pessoa acabavam por se afeiçoar às crianças e davam presentes, levavam para passear etc. Seria esse um medo dos educadores: considerar que não têm como acolher, se não puderem levar a criança para criar em casa? Ou eles temem se afeiçoar e querer cuidar demais de um ou outro, ou de todos? Ou escancarar uma afeição maior que já existiria? Essa afeição iria gerar maior responsabilidade pelo próprio trabalho, o qual exige que se mergulhe em um ambiente no qual a precariedade da vida está escancarada (uma vez que ali se encontram famílias que não puderam se manter unidas perante as precariedades), portanto, exige lidar com seus valores e preconceitos etc.

Doar tempo, atenção e envolvimento, exige uma doação de espaço interno, de espaço psíquico, de carga emocional, que não é simples. Não é qualquer cidadão que tem essa possibilidade ou vontade de se envolver nesse nível, assim como não é qualquer profissional que o deseja. Dar atenção a uma criança que sofre com sua história precária, triste, que envolve miséria social e humana, exige que o adulto possa dar um lugar a tudo isso em sua compreensão de mundo e possa seguir em frente. Exige que o adulto possa dar colo à criança sem achar que tem que dar alguma solução ou acabar com o sofrimento dela. Sustentar o sofrimento do outro é muito angustiante, pois, para isso, é necessário sustentar o próprio sofrimento.

Portanto, a implementação de um projeto como esse é um desafio que envolve toda a sociedade, a equipe inteira dos abrigos e um acompanhamento técnico rotineiro dessas pessoas que precisam se envolver. Ou seja, uma estrutura de suporte à atuação de cada um que participa dele. E, nesse contexto, parecia ficar difícil perceber que essa proposta poderia ser um instrumento de trabalho cotidiano. Afinal, não é trabalho do educador estar com as crianças, propor atividades, escutá-las, ler histórias etc.? Ou seja, o projeto FMH não é a solução de problema algum. Aliás, traz novos problemas para o dia a dia na instituição. É uma das possibilidades de se envolver com algo muito difícil, mas que precisa de acolhimento, que são as histórias e o dia a dia das crianças.

O trabalho do educador nos serviços de acolhimento, como o próprio nome diz, é acolher, verbo ao qual o sentido comumente dado é: receber, hospedar. É claro que a qualidade do acolhimento depende de uma série de variáveis e merece grande discussão, mas quando se oferece abrigo, acolhimento, para crianças, torna-se responsável por elas e por seu crescimento físico, psíquico e social.

Os educadores devem seguir as *Orientações Técnicas para Serviços de Acolhimento para Crianças e Adolescentes*, publicadas em 2009, como orientação nacional à atuação dos abrigos (BRASIL, 2009), pensando nas necessidades físicas e psíquicas das crianças. Dentre suas principais atividades constam:

> *Cuidados básicos com alimentação, higiene e proteção; Organização do ambiente (espaço físico e atividades adequadas ao grau de desenvolvimento de cada criança ou adolescente); Auxílio à criança e ao adolescente para lidar com sua história de vida, fortalecimento da auto-estima e construção da identidade; Organização de fotografias e registros individuais sobre o desenvolvimento de cada criança e/ou adolescente, de modo a preservar sua história de vida; Acompanhamento nos serviços de saúde, escola e outros serviços requeridos no cotidiano. Quando se mostrar necessário e pertinente, um profissional de nível superior deverá também participar deste acompanhamento; Apoio na preparação da criança ou adolescente para o desligamento, sendo para tanto orientado e supervisionado por um profissional de nível superior (p. 24).*

Cada uma dessas atividades aponta para a forma de contato, a relação que os educadores e acolhidos vão poder estabelecer, que envolve desde a forma de mandar tomar banho e colocar para dormir, até a maneira de escutar a história da criança. Assim, dar apoio ao FMH é parte do trabalho da equipe, em geral, e dos educadores, especificamente. Podemos pensar que um projeto como esse poderia ser o Projeto Político Pedagógico[6] de uma instituição de acolhimento. O Instituto Fazendo História traz metodologia e materiais desenvolvidos especificamente para o trabalho em abrigos, assim como as Orientações Técnicas nacionais, citadas. Mas as equipes conseguem ter pouco contato com todo esse material por haver muito trabalho a ser feito. E ainda parecem compreender que se o outro agente – por exemplo: Instituto Fazendo História, ou Juíz da Vara da Infância, ou qualquer outro que venha de fora – quiser fazer algum trabalho ou doação, ajudará muito, mas que faça por sua conta, sem exigir nada do abrigo. Ou seja, parecem não ter energia para aprofundar as reflexões, pensar novas formas de atuar, e nem mesmo discutir como é que esse agente irá atuar no cotidiano das crianças. Aceitam o trabalho voluntário, independentemente de como ele será realizado, ou não aceitam de jeito nenhum. Parecem pouco se abrir a pensar sobre sua prática, sobre sua função, sobre as possibilidades e potencialidades que têm, pois o principal se torna evitar o sofrimento, não enfrentá-lo.[7]

O FMH não é algo além do que se espera da função dos abrigos, e todo o trabalho que o Instituto Fazendo História dedica para que esse projeto seja implementado em São Paulo e em outras regiões do Brasil mostra o grande desafio de atuar nos serviços de acolhimento. Há muito trabalho, pouco pessoal e pouca verba para que isso seja realizado. Uma demonstração disso é o fim do Projeto FMH João Pessoa, que, com a saída da coordenadora, não teve continuidade em nenhuma casa. Das nove casas de acolhimento na cidade, apenas uma organização não governamental buscou manter a proposta em andamento e o Grupo de Trabalho Pró-convivência Familiar e Comunitária solicitou à Prefeitura a retomada do projeto. Sem verba para tal, a Prefeitura manteve a possibilidade em aberto, demonstrando algum interesse em investir na área.

---

6   Documento necessário em qualquer instituição de ensino, que dá os nortes de atuação e aponta princípios e metodologia de trabalho.

7   Uma ressalva a ser feita é de que as ONG que trabalham com acolhimento possuem uma postura um pouco diferenciada em relação a isso, e cada coordenação também tem a sua variação. Mas, no geral, presencia-se pouca discussão quanto à presença de voluntários.

Partindo desse cenário de grandes dificuldades, as quais os profissionais precisam enfrentar para não paralisar sua ação de acolhimento e realizar seu papel, vamos seguir pensando em uma possibilidade de fazê-lo: o que valorizar e priorizar para que o cuidado com as crianças as ajude a enfrentar seu dia a dia de maneira fortalecida. Algo que em nenhum momento penso estar separado de um cuidado que deve ser empregado com os educadores.

O cuidado: do simples ao extremamente complexo

O texto de uma educadora social fala dessa difícil tarefa – a educação social – que não se constrói sozinha e exige constante reflexão sobre a prática. Ela enfatiza que poder estabelecer uma relação de cuidado e ensino-aprendizagem não advém de dom, mas de uma "disposição interior (abertura, sensibilidade, compromisso)". Ou seja, há um envolvimento com o ato de educar que exige o profissional de forma integral, com seu modo de se colocar pessoalmente, politicamente, socialmente, que aponta para sua forma de ver o mundo e o interesse em fortalecer aquele com quem se trabalha (SANTOS, 2015).

A educadora aponta algo muito desafiador que é o envolvimento do eu pessoal com sua função profissional, a qual já vínhamos levantando. Ser educador social, ou cuidar de uma criança (ou adulto) pensando em seu papel na sociedade, é algo que se aprende a partir de uma escolha de seu papel social, a partir de um lugar que esse "eu" define para ocupar, se responsabilizar e arcar com as consequências de suas escolhas. Portanto, falar em acolher envolve o modo como o profissional acolhe sua relação com a sociedade, pois vai poder refletir isso em suas ações e em sua forma de lidar com as crianças, suas famílias e conflitos.

A forma de acolhimento que cada um vai realizar é específica de seu desenvolvimento psíquico, de suas experiências de vida e das condições e relações institucionais de seu espaço de trabalho. Portanto, cada um realizará o acolhimento de uma maneira e não há modelo de educador. O caminho a seguir para pensar a construção desse modo de atuação vai revelar a importante reflexão que se deve fazer para dar suporte aos educadores em suas necessidades para acolher as crianças e nas necessidades das crianças para sua constituição e acolhimento do outro. Isto porque não há educador modelo, ou perfil específico para ser educador, mas sim uma postura receptiva à construção cotidiana desse fazer. São questões complexas[8] que vamos apenas começar a discutir no âmbito deste artigo, a partir de dois conceitos específicos do psicanalista Donald Woods Winnicott (1990, 2000): concernimento e identificação cruzada.

Esse autor fala do processo de amadurecimento pelo qual cada ser humano deve passar para se tornar capaz de conviver em grupo. Segundo ele, ser um adulto integrado, amadurecido, que se entende como um eu responsável por si e pelo outro, que é um outro que pensa e deseja diferente, de quem o eu depende para sobreviver, é uma capacidade que exige extremo esforço. Não ser integrado gera maior sofrimento e problemas na relação com os outros, pois, internamente, não existe essa separação eu-outro clara. Esse processo é gradual e acontece ao longo da vida, uma vez que muitas vezes nos vemos em situações em que queremos que o outro pense como nós, mudando para ser quem nós queremos que sejam etc. Mas o exercício dessa diferenciação pode contribuir para a convivência em sociedade e ele se faz na reflexão sobre nossa prática cotidiana, seja de trabalho, de relações pessoais etc.

Para que esse processo ocorra de forma evolutiva, com idas e vindas, mas sem paralisações, sem grandes obstáculos à integração, é importante que, no início, o bebê tenha um ambiente que atenda a suas demandas e lhe permita construir um eu. O espaço psíquico de um cuidador pode dar espaço à onipotência[9] de um bebê, e este poderá se sentir vivo, existir com o mundo e, aos poucos, se diferenciar, quando, gradativamente, o cuidador o faz esperar e não atende suas necessidades exatamente como ele esperava. Essa diferenciação é que permite a separação "eu-não eu" e a construção de um mundo externo de confiança, pois estará apoiada em uma base de segurança de que

---

8   Minha tese de doutorado, em andamento e realizada sob orientação da profa. dra. Maria Consuêlo Passos, no Programa de Psicologia Clínica da Universidade Católica de Pernambuco, busca compreender um pouco mais esse desafio do papel do educador e a visão de que esses profissionais têm de sua função.

9   Dentro a obra de Winnicott (1975, 1990, 2000), encontramos muitas referências a essa capacidade fundamental de onipotência do bebê, que é experienciada em um momento inicial da vida, em que a devoção da mãe leva à ilusão do bebê, de ser o todo, de criar o mundo, pois suas necessidades são atendidas no momento em que as demanda. Algo que, aos poucos, vai sendo desconstruído, com a retomada da vida cotidiana da mulher.

178 ABRIGO E CIDADANIA

ele pode ser atendido e ter suas necessidades garantidas. A partir da compreensão de que o mundo não o deixará morrer, ele pode se lançar a conhecê-lo e desfrutá-lo.

Winnicott (2000)[10] fala em instinto do amor primitivo que é o que permite ao bebê se conectar ao mundo no início do amadurecimento, e que não tem como não carregar agressividade: os movimentos exigem certa agressividade, o bebê, em sua onipotência, deseja devorar aquilo que lhe aparece (no sentido de ter inteiramente para si, pois entende como parte de si) e, além disso, a criança está sempre sendo um pouco frustrada, pois nunca estará completamente atendida, gerando raiva:

> O impulso primitivo era implacável (ruthless), do ponto de vista do observador. Para o bebê, o impulso primitivo é anterior à piedade ou consideração, e só é sentido como implacável quando a criança finalmente integra a si própria numa pessoa responsável e olha para trás (1990, p. 99).

Se, quando esta agressividade é expressa, não há amparo e o bebê acha que destruiu, cada vez que sentir esses impulsos terá um grau bastante alto de angústia e, assim, terá mais dificuldade para entrar em contato com possibilidades de elaboração. É necessário que o ambiente acolha essa expressão, permita que ela possa ser realizada, para que ele aprenda que não destrói efetivamente e que pode aprender a controlá-la:

> Ela [a mãe] diz "Ui!" quando é mordida. Mas não fica perturbada, em absoluto, quando reconhece que o bebê quer devorá-la. De fato, considera que isso é um cumprimento, a única maneira como o bebê pode mostrar sua excitação amorosa. E, é claro, ela não é assim tão fácil de comer. Ela diz "ui", mas isso apenas significa que sentiu alguma dor (WINNICOTT, 1999, p. 122).

---

10 Aprofundar esse ponto do processo de amadurecimento parece importante no sentido de desmistificar a ideia de pessoas que teriam o dom de serem calmas etc. Esta é uma construção cotidiana, de diálogo com a prática que é imprevisível. Além de problematizar os paradoxos humanos e pensar que todos temos agressividade, inclusive as crianças, por melhor que sejam acolhidas. Todos, podemos ou não, usar das experiências para aprender a lidar com ela.

Precisamos ser capazes de odiar o outro que não nos atende como queremos, para nos diferenciarmos e podermos, então, passar a ver o outro como alteridade e, depois, ainda como alteridade que compõe e enriquece nossa existência. Podemos entender que, quando a integração é demasiadamente angustiante, quando a pessoa não consegue suportar o sofrimento do paradoxo de amar e não amar, de viver e não viver, do vai e vem no avanço e regressão do processo de amadurecimento, ela se entrega ao despedaçamento de si. No caso da criança, não poder viver esse processo de acolhimento pelo cuidador inicial, ser separado desse primeiro vínculo, pode ampliar a sensação de que os impulsos agressivos chegam a matar:

> *O fenômeno interno mau que não pode ser controlado, contornado ou excluído transforma-se num empecilho. Ele se transforma num perseguidor interno e é sentido pela criança como uma ameaça que vem do interior. Frequentemente, ele se transforma numa dor. A dor causada por doenças físicas é possivelmente investida das propriedades que denominamos persecutórias. É possível tolerar dores muito intensas, se estas estiverem separadas da idéia de forças ou objetos internos maus (WINNICOTT, 1990, p. 101).*

Ou seja, se não aprendemos a controlar essa carga, ou fenômenos internos maus, derivados da dificuldade de contato com ela, podemos nos assustar demais com a agressividade que pode nos expor à dor, ao sofrimento. Apenas com a sobrevivência do outro é possível reparar e construir uma relação com esse "não eu", que aos poucos se torna o outro, com quem me relaciono e de quem desejo cuidar: *objeto objetivamente percebido* (WINNICOTT, 1975a). Por vezes, tememos demasiado o agressivo no outro, por nos identificarmos com aquilo que não temos controle em nós mesmos. Identificação que, em alguns casos, indica dificuldade dessa separação "eu–não eu". O medo do outro se mistura ao medo do próprio eu. Se a relação ficar baseada nos medos, não há espaço de relaxamento e espontaneidade possível. Portanto, não haverá esse cuidado, em nome do processo de amadurecimento, que deles dependem.

180 ABRIGO E CIDADANIA

A partir desse acolhimento do ambiente, o bebê não se sente destruidor, mas um ser de potência, que precisará aprender a cuidar dessas sensações para poder demonstrar o que sente – e cuidar do outro de quem depende e a quem ama. Todo esse processo é vivido de formas muito diferentes e cada indivíduo irá continuar esse processo de separação "eu–não eu" e de integração por toda vida. Por isso, todo o exercício descrito aqui é parte da vida de toda pessoa em diferentes graus de evolução e revela sua forma de estar no mundo, que é sempre mutável.

Para Winnicott, essa noção de dependência, no sentido de ser parte do mundo, é fundamental para uma sociedade cidadã, para a democracia (WINNICOTT, 1950, 2005), na qual as pessoas conseguem conviver e manter cuidado sobre o coletivo, uma vez que a capacidade de concernimento foi amadurecida. Se, dependo do outro, me percebo como parte integrante do mundo, me percebo como responsável por minhas ações e, portanto, pelo cuidado com o outro, sou capaz de exercer a democracia.

Tanto o concernimento quanto a identificação cruzada (que será definida um pouco à frente) falam dessa possibilidade de integrar o outro à própria existência e não vê-lo apenas como exterior. Frequentemente, haverá momentos de desintegração, que podem ser mais numerosos e longos de acordo com a pessoa, mas quanto melhor tenha sido o processo de amadurecimento daquele um, maior será sua capacidade de retomar a integração.

O concernimento passa, então, pela capacidade de integrar bom e mau no mesmo objeto. Tanto o eu quanto o outro são ambivalentes e podem conviver e podem se responsabilizar e arcar com as consequências de suas escolhas (WINNICOTT, 2000). Somos parte de um todo, e dependemos uns dos outros, cada qual com suas escolhas e responsabilidades. Então, se vejo o outro como diferente e compreendo que pense e tenha necessidades diferentes das minhas, o que é o cuidado? Como cuidar de alguém diferente, como poderão compreender suas necessidades? E assim, pelo caminho mais fácil, muitos entendem que cuidar é evitar riscos. Não deixar que se machuquem, que sofram, e, se já chegam com histórias de sofrimento, não se toca no assunto para que não sofram mais.

E aí está o que vejo como a maior complexidade da capacidade de concernimento: compreender que não há como evitar o sofrimento, por ele ser parte de nós. O sofrimento faz parte de enfrentar o paradoxo, de integrar bem e mal, faz parte do desbravamento do mundo e das relações – e não precisa ser enfrentado sozinho. Um bebê só irá aprender a andar se cair algumas vezes. Um adulto só aprenderá a ouvir o outro se puder discordar. Nenhum dos dois precisa passar por isso sem ter um colo com o qual contar, o que garante acolhimento da dor e possibilidade de sobrevivência; portanto, cuidar é mais ajudar a enfrentar os riscos com atenção e dedicação ao outro que evitá-los.

É complicado sair com os acolhidos para uma praça ou para a praia? Há riscos. Mas se não puderem passear, se divertir, olhar pessoas diferentes, é provável que haja cansaço e tédio nas casas, gerando agressões e outros problemas. Ou melhor, haverá aqueles que querem sair e outros que não querem. E é aí que entra a necessidade de educadores com energia para pensar o que é mais interessante para os acolhidos e não o mais fácil para quem também fica cansado em seu dia a dia, para quem ganha pouco e precisa daquele dinheiro, para quem nem gosta tanto de criança, quem deixou seu filho na escola e só o verá no dia seguinte, pois seu plantão é o noturno... Ou seja, falamos de pessoas que também carregam seus conflitos e que, muitas vezes, não tiveram as oportunidades que as crianças e adolescentes têm no abrigo.

Não é raro ouvir qualquer um da equipe dizendo que os acolhidos têm todas as oportunidades e não sabem aproveitar. Como ouvir essa reclamação, percebendo que ela não abre espaço de escuta ao acolhido e que relata a necessidade do educador? Os educadores também queriam poder fazer cursos profissionalizantes, ter casa e comida garantidos etc. Quem poderá discutir com eles essas necessidades, para abrir espaço para as necessidades dos acolhidos? A equipe técnica teria esse papel? A coordenação? Um supervisor de fora? De qualquer forma, são espaços fundamentais a serem criados, uma vez que falamos de cidadãos, que tendem a buscar culpados. Afinal, todos:

> precisamos ser olhados, reconhecidos e mobilizados a seguir em frente. Espaços de formação, trocas entre profissionais, estudos, são essenciais para sustentarmos nossas posições e compromissos. [...] para que se consiga romper com o ciclo vulnerabilidade–risco--exclusão e resgatar o movimento da vulnerabilidade a sujeito cidadão, responsabilizando-nos por cada encontro humano do

182   ABRIGO E CIDADANIA

qual participamos, acolhendo a quem quer que se apresente, não culpabilizando sempre algum outro como "mau" – família, governo, colega, etc. – pela angústia que nos assola (MARIN, 2010, p. 19).

Diante de tanto sofrimento, torna-se mais fácil buscar um culpado – famílias, governo, partido, globalização etc. – e não enfrentar o esforço de pensar como se manter vivo e se responsabilizar. Afinal, ninguém é responsável sozinho por todo esse sofrimento. O buraco é tão fundo que essa força para resistir e construir uma atuação de que se orgulhe parece sobre-humana. Não entendo que o educador deva ser o modelo de pessoa amadurecida, até porque, trabalhando com tal grau de sofrimento humano, todos passam por regressões e precisam de apoio, como venho chamando a atenção. E, a partir desse apoio, pensamos ser possível uma chance de os educadores perceberem sua parte de responsabilidade em relação a todo esse sofrimento.

Winnicott (2000, p. 291) confere à capacidade de concernimento a possibilidade de sentir culpa pelo gesto agressivo e ter desejo de reparar. Ou seja, há o acolhimento da própria agressividade e não a projeção sobre um outro que se torna o culpado, aquele que gera o sofrimento. Mas a culpa é parte da capacidade, que se soma à integração do bom e do mal em si e no outro, sendo capaz de torná-la responsabilidade e não apenas culpa por todos os problemas do mundo. O educador poderia perceber seu ódio pelas famílias e pela situação social, assim como se sensibilizar com as fraquezas de cada envolvido, inclusive ele próprio, que gostaria que tudo pudesse ser diferente. A partir daí se responsabilizar pelas crianças e não achar que o sofrimento é demasiado, que os outros é que fazem errado e ele nada pode fazer. Integrar o sofrimento das famílias e o seu próprio, a raiva pelas dificuldades e o amor por querer uma vida melhor, pode ajudar a perceber o que as crianças realmente necessitam: alguém ali para olhá-las e ouvi-las.

Passini, Fromer, Ferreira (2012) discutem o quanto a desigualdade social atinge a forma de contato entre as pessoas e como a sociedade passa a não esperar nada de crianças e adolescentes pobres. Eu diria que atualmente passam a esperar o pior deles. E apontam a necessidade de haver um investimento da sociedade nesse grupo específico para que ele possa, depois, investir na sociedade. E falam de investimento afetivo, na escuta à criança, dando a ela reconhecimento e um lugar social.

E aí entra o outro conceito do mesmo autor, que entendo importante para estas reflexões. A identificação cruzada é trazida por Winnicott (apud DIAS, 2003) como capacidade de se colocar no lugar do outro e de deixar o outro fazer o mesmo. Se colocar no lugar do outro é um desafio, pois exige concernimento, exige responsabilidade e preocupação com o outro. Despir-se de valores e preconceitos para acolher o outro por inteiro e buscar sentir como ele naquele momento. A compreensão permite reparar, permite atender ao outro. Mas permitir que o outro se coloque em seu lugar pode ser ainda mais difícil. Permitir que o outro se aproxime de sua fraqueza pode ser algo assustador, pois reedita a fraqueza, que antes era só da pessoa. Agora ela é compartilhada e o outro a conhece. Ser capaz de se identificar exige poder mergulhar também em experiências primitivas que levam à tona necessidades primitivas. Não é qualquer um que tem essa disponibilidade, assim como não é qualquer um que suporta tocar em suas fraquezas e sofrimentos. Marin (2002) aponta que os mitos são formas de proteção para as fraquezas humanas, dando uma interpretação sem enfrentar os paradoxos, sem encarar o que há de pior em cada um.

Apenas na capacidade de integração, ao suportar sustentar os paradoxos da existência, a pessoa pode reconhecer e suportar suas fraquezas sem entender que estas a deixarão morrer. As fraquezas, limites, são parte do humano e podem ser fortalecidas no encontro com um outro que possa integrá-las a suas próprias fraquezas e limites. Mas se há medo de morrer pelas fragilidades, pois elas são vistas como um erro, não há interesse em que o outro as perceba. Há interesse em se proteger do outro. E assim se constrói um distanciamento que não alimenta o coletivo. Evita-se o outro, pois ele pode ser danoso. Com o tempo, essa possibilidade vai se tornando regra, e começa-se a acreditar que o outro é danoso *per se*. Isto porque é mais fácil manter a dissociação que trabalhar na integração, como venho apresentando. E entendo que um trabalho em nome do social, da formação de cidadãos e de pessoas capazes de conviver em grupo, precisa encarar a tarefa de olhar para os limites como qualidades que cada um carrega e como construtor do laço com o outro, assim como as capacidades.

Buscando a precariedade

A noção de precariedade trazida por Judith Butler (2006) parece diretamente relacionada a estas ideias e traz novo lastro às reflexões. A precariedade a que Butler se refere é aquela inerente à vida, ao humano, aquilo que parece contrário à vida: as limitações, as faltas. Para construir seu conceito, a autora se vale da concepção de "rosto", desenvolvida pelo filósofo Levinas, que seria o que nos vincula enquanto grupo, isto é, a demanda de identificação que o outro exerce por ser humano. O rosto escancara a humanidade em sua limitação, precariedade, imperfeição – naquilo que não há treino ou manual, naquilo que diferencia um do outro, naquilo que o outro não pode oferecer ao um por ser outro, por ser diferente, relembrando que não há perfeição no outro ou no um. Característica que nos entrega ao outro, a uma dependência inerente ao humano, que precisa do outro por não ser perfeito e que leva à complexidade da vida social e moral.

Levinas, segundo Butler, aponta que o rosto do outro incita a matar e que não matamos por perceber essa precariedade do outro, que está diretamente ligada à própria: "Responder por el rostro, comprender lo que quiere decir, significa despertarse a lo que es precário de outra vida o, más bien, a la precariedad de la vida misma" (2006, p. 169). Ao se deparar com a precariedade, é a identificação que afasta a eliminação do outro. Ao exterminar o outro por sua imperfeição, estará eliminando o eu, com suas imperfeições, o que o torna dependente do outro. Ou seja, há algo compartilhado culturalmente que se baseia na percepção quase orgânica de que somos seres finitos e dependentes um do outro.

Mas por que este convite a matar? questiona a autora. E explica que a precariedade comunicada pelo rosto cria uma luta interna de sentimentos de angústia, vulnerabilidade e interdição. Assim, constrói a ideia psicanalítica de que essa luta, que se trava no centro da ética, "significa poner el deseo de matar al servicio del deseo interno de aniquilar la propia agreción y el sentido de prioridad" (2006, p. 173). Isto é, a um primeiro momento de onipotência (desejo de aniquilar a fraqueza), se segue uma comunicação entre o vazio da condição humana, sua precariedade, a noção de dependência e identificação com o outro. Ou seja, podemos entender que há uma luta no paradoxo: o outro necessita de mim e eu necessito dele. O outro é outro. Cada uma dessas percepções gera ódio e prazer. Mas, como aponta Winnicott (2000), pessoas que conseguem integrar esses sentimentos, podem sentir culpa pelo ódio de depender do outro, de não ser o outro, de o outro não ser como o eu, de o outro depender do eu.

Ou seja, o desejo de agressividade em relação à alteridade pode ser controlado pela identificação da precariedade da vida e da possibilidade de encontro a partir dos limites de cada um. Alguns limites socialmente estigmatizados, como miséria e doenças graves, dificultam ainda mais esse encontro e a valorização desta diferença enquanto contribuição de outra forma de olhar o mundo, de novas formas de encarar a realidade, de sofrer com ela e responder a ela etc. Aquele que pensa tão diferente sobre a vida tem sua perspectiva, sua história de vida, suas possibilidades e suas dificuldades.

Butler segue o raciocínio pensando na produção midiática da violência que busca exterminar a identificação pela precariedade e colocá-la fora. Forjar uma face para o terror – como a de Bin Laden, que ela apresenta de exemplo – permite à sociedade colocar todo o terror naquela imagem e deixar de olhar para si e para seu próprio terror. O humano não é a imagem da perfeição, mas, como diz a autora, carrega a precariedade como condição de existência. Se não quero encarar minha precariedade pela dor que ela causa, posso direcioná-la ao outro e desejar exterminá-lo. Portanto, a precariedade é uma característica vista aqui como uma riqueza, como a possibilidade de contato humano, pois não se faz pela disputa de poder ou capacidade, mas pela identificação de humanidade em si e no outro. Conviver com os demais e não querer exterminar o diferente que carrega o terror, o ameaçador à onipotência, ao controle individual, exige olhar o terror em si e o humano no terror.

A integração a partir da capacidade de concernimento, que leva à possibilidade de identificação cruzada, é a contramão do que nossa sociedade produz atualmente com a midiatização da violência, que se torna terrorismo e deixa muitos querendo se isolar cada vez mais e abdicar de sua responsabilidade e preocupação, com o outro e consigo mesmo. Retomando as frases acima colocadas – "não adianta fazer nada que tudo está perdido" ou "eu vou salvar esta criança com meu amor" – elas falam de dois movimentos que observei nas casas: uma projeção do mal, que fica fora e o eu sou vítima impotente

186   ABRIGO E CIDADANIA

assim como as crianças; e uma reedição de onipotência que vem salvar as crianças do mundo mal.

Ambas mostram a dificuldade em reconhecer a precariedade, em integrar bem e mal e bom e mau. Ambas levam ao isolamento e, por esse motivo, as chances de caminharem para uma melhora na situação de vida dos envolvidos é pequena. Sozinho pouco se faz em um contexto em que são muitas as variáveis, e no qual muitas coisas acontecem ao mesmo tempo. Não há como colocar a criança em uma bolha de amor em que esteja protegida de tudo. Os educadores e as crianças pouco podem construir a partir daí. Pois, mesmo o amor, por mais forte que seja, sozinho, não soluciona os paradoxos da vida. É importante se posicionar perante a realidade, fazer escolhas e enfrentar as consequências e, para trabalhar com abrigos, a compreensão não pode ser a culpabilização das famílias, por exemplo. Esta discussão precisa ser constante no abrigo, pois o contato com o sofrimento das crianças pode levar a esse caminho repetidas vezes. Por maiores que sejam as dificuldades que as famílias enfrentem, elas precisam ser atendidas como pessoas com direitos violados, pois, antes de violarem os direitos das crianças, a grande maioria, se não todas, já enfrentava essa violação desde sua formação, com muita dificuldade em construir discernimento para suas escolhas e consequências.

Mais uma vez é importante pensar o arcabouço histórico-cultural de nossa sociedade, com raízes na escravidão, na desigualdade de gêneros, nas casas de misericórdia[11] etc. Havia uma linha normal traçada, baseada no que se considerava cidadão de bem – homem da sociedade, pai de família etc. Essa bagagem nos remete a valores e preconceitos muito arraigados, que demandam intermináveis discussões e lutas, assim como as necessárias às mudanças de legislação no país (como para a Constituição de 1988 e o Estatuto da Criança e do Adolescente). Mas conseguir mudar a lei não significa mudar a concepção de mundo e de cidadão de todos. Há muito preconceito e desrespeito, dificuldade em ver o outro como pessoa e todos como integrantes de um coletivo. Inclusive porque, como aponta Passarini, Fromer e Ferreira (2012), as ações para atender crianças e adolescentes nasceram com uma visão assistencialista, vendo-os como "necessitados", "carentes", "desprovidos de recursos" e, mesmo

---

11   Casas religiosas que atendiam àqueles que não podiam cuidar de si e que não deveriam "poluir" a cidade (ARIÈS, 1981).

hoje, as políticas públicas são construídas pela visão do adulto, marcando "a história de atendimento a eles no Brasil e revela o prejuízo quanto à possibilidade de reconhecimento desses jovens em sua condição de alteridade" (2012, p. 82). Ou seja, são considerados pelos interesses dos outros, não por sua pertença à sociedade.

A consciência dos direitos e da pertença ao coletivo precisa ser trabalhada, até porque, pessoas que nasceram após a promulgação da Constituição de 1988 e dos avanços sociais, sobretudo das últimas duas décadas, podem não ter consciência da luta para a conquista de direitos. O exercício de manutenção e reflexão sobre os direitos é importante para a noção de pertença ao coletivo. Não é à toa que a experiência com educadores de diferentes regiões e atividades nos faz ouvir que "o Estatuto da Criança e do Adolescente passa a mão na cabeça dos marginais", dizendo que não há deveres, apenas direitos. Os direitos são encarados como favores do Estado e não se fala nas prerrogativas do cidadão. Essa compreensão crítica está faltando e é na formação das crianças que ela se constrói.

Romper com o assistencialismo histórico das ações com os pobres é de fundamental importância para começar a caminhar em relação a isso, pois é o primeiro passo para realmente incluí-los no grupo social e na política dos direitos: "o assistencialismo social aliena esses sujeitos e produz a ilusão de que seus direitos estão sendo contemplados quando, na realidade, não estão" (PASSINI; FROMER; FERREIRA, 2012, p. 86). Compreender que se é responsável pelos próprios atos e responsável pelo cotidiano do grupo do qual se faz parte é a base para essa mudança de paradigma em relação aos direitos e à convivência. Para ser responsável, é preciso ser incluído e colocado a refletir sobre essa participação. O Estatuto da Criança e do Adolescente (1990) não diz que a criança tem direito à educação e por isso pode fazer o que quiser na escola. Mas como ajudar a criança a valorizar a possibilidade de estar na escola, conhecendo o que os homens já construíram e pensaram sobre o mundo, e ter desejo de cuidar dela?

Podemos entender com Winnicott (1990, 2000) que capacidades importantes para isso são: concernimento e identificação cruzada, ou seja, a possibilidade de reconhecimento do outro como diferente e parte de seu mundo, mundo que, por vezes, leva ao ódio e precisa ser cuidado, por ser parte da

188 ABRIGO E CIDADANIA

pessoa. Posso ver no exterior algo que pode destruir, mas posso ver, por outro caminho, aquilo que nos faz existir, aquilo que conta da história do homem e do eu, por ser humano. Avesso difícil de construir na medida em que é na forma do adulto falar e apresentar os objetos e os limites que isso se faz.

Por isso, a necessidade de acompanhamento qualificado de escuta e reflexão sobre o cotidiano da prática no abrigo é fundamental. Para pensar se esse olhar ao mundo está podendo ser passado. Isso porque compreendo que é na possibilidade de ver o outro como aliado, de nos respeitarmos como diferentes na construção do eu e do outro, na integração e no enfrentamento da precariedade própria da vida que tudo isso se faz. Ou seja, se faz no compartilhar os saberes e as dúvidas, alegrias e sofrimentos. Se o abrigo achar que pode evitar o sofrimento e as dúvidas, não permitirá às crianças encontrar seu lugar, bem como desenvolver o desejo de compartilhar e construir juntos.

Pensando na mãe suficientemente boa[12] de Winnicott (1975), aquela que é ambiente facilitador do amadurecimento de seu bebê, podemos fazer uma analogia com o abrigo, que não vai evitar riscos e dar respostas, mas será aquele que dá sustentação, permanência e apresenta os objetos. Não cabe aqui estender a analogia, mas o ponto importante é pensar o papel do adulto no amadurecimento da criança. Não serão todos mães de cada criança, mas pensar em um paralelo sobre a função de formar pessoas que podem escolher uma forma de se colocar no mundo e arcar com as consequências disso, exige dar suporte para essa relação de conhecimento: a criança em busca do mundo, em busca de conhecer o que há em volta, se construindo e construindo o mundo ao mesmo tempo; vendo tudo que foi construído, inclusive ela.

Entendo que ser cidadão significa compreender-se parte desse todo, responsável por escutar o outro, por fazer circular opiniões, perceber que não há apenas um ponto de vista, muito menos um correto e outro não, compreender que direitos universais consideram o outro, o diferente tão sujeito de direito quanto o eu. Que para o outro o eu é que é o diferente, e não adianta

---

12 Este conceito se refere à possibilidade da mãe, ou cuidador de referência, de reconhecer a necessidade de seu bebê e atendê-la no momento oportuno. Nos primeiros dias de vida, a mãe totalmente dedicada ao bebê, o atenderá quase instantaneamente e, aos poucos, o ensinará a esperar e a perceber que há um outro, com suas próprias necessidades, ao seu lado.

um querer imperar sobre o outro. Acreditar em um mundo sem disputas e conflitos não é minha busca. É fundamental que cada um possa construir sua visão e posição em relação à vida, para existir e cuidar de si e do outro. Mas ter sempre em mente a importância do que o outro tem a acrescentar, e de que ele fala de outro ponto de vista, é poder respeitá-lo como pessoa e como parte de sua existência, por mais distante que esteja de sua forma de ver a realidade.[13]

Não estou ditando aqui um modo de fazer para os educadores de abrigos salvarem o mundo. Muito pelo contrário. Crianças que vão com dois, três anos, ou mais, para o acolhimento, já podem apresentar dificuldades grandes em seu processo de amadurecimento. E não entendo que os educadores farão o papel de terapeutas para retomar um caminho de saúde para essas crianças. Mas entendo que as equipes, considerando aí a equipe técnica com seus psicólogos, precisam fazer projetos individuais de atendimento[14] a cada criança e, a partir daí, providenciar o apoio necessário a crianças mais comprometidas.

Também entendo que uma casa que exige, mais que outras, coletividade, convivência em grupo, divisão de espaços e objetos, pode construir uma proposta que usufrua dessa condição para formar pessoas envolvidas com a sociedade da qual fazem parte e não que apenas se vitimem e culpabilizem o outro.

Não é possível imaginar, portanto, um mundo sem conflitos. Se há diferenças e respeito entre as pessoas, há conflitos. Porém, um conflito baseado em respeito busca não violentar, não diminuir o outro. Como discute Marin (2002) é importante reconhecer a existência de sentimentos de raiva, inveja etc., mesmo entre pais e filhos, mas isto não justifica que exista "violência aniquiladora", espancamentos, maus tratos etc. E mesmo sem encontrar consenso, o conflito pode trazer crescimento, aprendizado de novos pontos de

---

13 Estas ideias podem ser aprofundadas com alguns materiais, como em: Conpaz (2007); McCold e Wachtel (2003) e Matos (1998).

14 Exigência do Plano Nacional de Promoção, Proteção e Defesa do Direito de Crianças e Adolescentes (2002) e da Lei 12.010 (2009).

vista, novos argumentos, que sempre irão enriquecer o olhar para o coletivo, para a vida em sociedade.

Sendo assim, não apenas as brigas entre os acolhidos, mas as demandas e as exigências que são feitas a acolhidos e educadores, as necessidades que apresentam tanto acolhidos quanto educadores, a forma como cada um entende o abrigo e seu papel ali, assim como o papel do outro, pode ser base para a construção de formas de olhar para si e para o outro e também para o coletivo. Algo que demanda muito trabalho e constantes discussões, pois é uma construção coletiva e contínua de todos que ali habitam.

E é então que lanço mão da compreensão de saúde de Cristophe Dejours (1986): como desejo de vida, como interesse em investir na vida. O autor aponta novo conceito de saúde ao fazer crítica à noção de "estado de bem-estar físico, psíquico e social" da Organização Mundial de Saúde. Não há como manter um estado de bem-estar permanente, mesmo que isso possa ser um ideal. Há sempre movimento das situações e condições de vida, de interesses e prioridades do indivíduo. Portanto, o autor entende que ter saúde é ter interesse em buscar saúde, buscar bem-estar de acordo com as circunstâncias. Haverá sempre uma busca, sempre movimento e desejo de estar bem e não a condição de bem-estar total, que dure para sempre ou uma forma específica de atingi-la.

Sendo assim, uma reflexão possível é de que, por vivermos em grupo, faz parte dessa busca por saúde o esforço em investir no grupo, contribuir para uma melhor convivência entre as pessoas. Bons relacionamentos, atenção ao outro, ser acolhido e acolher, perceber-se parte de um todo, são geradores de saúde nesse sentido de interesse em investir no mundo. Ou melhor, para enfrentar o desafio de viver em sociedade é fundamental ter desejo de investir nessa sociedade, manter movimento em busca de conviver melhor com o grupo. Assim, seguiremos pensando que poder viver em uma sociedade saudável é ter interesse em buscar viver em grupo. É reconhecer-se como parte e como responsável por esse coletivo, afinal, o homem é um ser social, dependente – não tem como viver isolado completamente. O que nos traz de volta à noção de concernimento. Se percebo o outro como parte de mim, e diferente de mim porque é outro, ambos com capacidades e limitações, entendo a necessidade de cuidar dele a partir de seu ponto de vista também, não apenas do meu.

Se Dejours aponta que a saúde vai mal quando não há esperança na vida, quando a pessoa deixa de ter interesse por buscar saúde para viver bem, ampliamos para a ideia de que a sociedade vai mal quando não há esperança em investir no coletivo, quando deixamos de acreditar que a sociedade pode trazer benefícios e ser beneficiada por cada integrante. Se, para ter saúde, um indivíduo precisa se encantar consigo, com a vida, com o mundo; uma sociedade para ter saúde precisa se encantar consigo mesma: valorizar o que produz, inclusive seus conflitos, para incluir a todos os seus integrantes e buscar soluções de problemas em prol do coletivo. Poder se encantar com o conflito é ter uma postura ética fundamental à vida social, que exige muita reflexão e constante construção da prática.

Buscando a potencialidade do abrigo

Crianças e adolescentes que vivem em abrigos, que por diferentes motivos (desde abandono até abuso de drogas pelos responsáveis) vivem longe de suas famílias e experienciam quebra de vínculos primordiais, com a família, são capazes de criar vínculo com a sociedade? Como pensam os educadores que os recebem? Podem eles ter interesse em apresentar o mundo a esses acolhidos, sem querer evitar riscos, mas mostrar espaços, pessoas, produções culturais que achem interessantes, a vida vivida por pessoas à sua volta? Ou não veem nada de interessante para mostrar ou não consideram que as crianças possam gostar de algo? Afinal, algumas histórias são ruins, mas há vida, há cotidianos de esforço, produção de cultura e sabedoria.

Isto é, se estamos trabalhando com a ideia de que o cuidado com o outro é uma capacidade construída, o cuidado com o coletivo também precisa ser construído e está diretamente ligado ao primeiro. Crianças que não tiveram continuidade de vínculo e o afastamento da família já apontam alguns problemas de cuidado (na família, na sociedade, no governo), vão precisar de apoio de outros cuidadores para continuarem a construção dessa capacidade. Para ter possibilidade de continuarem ou construírem desejo de viver, desejo de cuidar de si e do outro, desejo de ver e fazer coisas bonitas.

Isto não significa que todos se transformarão em cidadãos exemplares, dedicados ao coletivo. Nenhuma família ou cuidado pode garantir isso.

Mas o investimento (financeiro, de reflexão, de apoio técnico etc.) nesses espaços em que tantas crianças passam,[15] poderia ser um bom exemplo de respeito à sociedade e à dignidade humana. Um espaço em que a precariedade se escancara, um espaço de teste a qualquer capacidade de integração, pois dói encarar as histórias de vida destas crianças. Mas dói mais ainda estar ali e não fazer nada a respeito. Os educadores que não contam com apoio técnico, os técnicos que paralisam, perante as dificuldades institucionais, os voluntários que apenas se deparam com o dilema na hora de dar alguma coisa ou fazer uma festa na casa.

E cabe a questão: por que paralisamos? Por que nos distanciamos tanto? Uma das explicações pode ser a que apontei, pensando que hoje encaramos os direitos como obrigação do Estado, acreditando que ao cidadão cabe apenas usufruir deles e nada mais, pouco se envolvendo em sua construção, oferta e garantia. E mesmo vendo essa obrigação não sendo cumprida pelo Estado, tendo os direitos violados, acompanhamos, na maioria das vezes, apenas a reclamação do roubo do outro e não uma reflexão sobre sua forma de atuação cotidiana na sociedade, como nas muitas ações de corrupção cometidas cotidianamente por cada um. Recentemente, acompanhamos, nas redes sociais e internet em geral, um tipo de manifestação em prol dessa reflexão individual sobre a própria conduta. Parece que hoje estamos carentes de uma formação que pense no coletivo, que ofereça espaços de encontro e troca. Aquele que resolve enfrentar a corrupção sem corromper, muitas vezes, se sente feito de bobo, pois quem corrompe é que se "dá bem", é o "esperto".

Esta reflexão se faz ao encontro do que trabalha Elias (1994), buscando compreender a diferença entre as sociedades, no que se refere à articulação entre as noções de indivíduo e sociedade, entre eu e nós. Fala que há aquelas em que o nós deixa de ser parte, ou tem menor parte em sua autodefinição: seus integrantes entendem-se como um aglomerado de indivíduos e não há consideração sobre o nós, o coletivo. A relação entre indivíduo e sociedade é mutante, de acordo com a história de cada agrupamento e de suas condições específicas: como o exemplo de que o número de habitantes é fator interferente nessa concepção. Em meados de século XX, o autor entende que há uma

---

15 Em maio de 2015, as crianças e adolescentes abrigados no Brasil somavam 36 mil, segundo reportagem de Coissi, do jornal *Folha de S.Paulo.*

integração maior da sociedade como um todo pela globalização, circulação de pessoas e informações etc., e o indivíduo se sente impotente em relação ao que acontece nesse âmbito global.

Sentimo-nos cada vez mais impotentes, mas, segundo o autor, há um movimento, mesmo que tímido, até por enfrentar um grande desafio, em retomar a noção de nós, que luta pelos direitos humanos. Dentro destes, levanta Elias (1994), o direito a não usar de violência.[16] Parece-me que aprofundar esta discussão é se formar em relação ao nós. Posso não ser violento por querer compreender o outro e não entender a cada encontro que preciso me defender:

> *A transição para a primazia do Estado em relação ao clã e à tribo significou um avanço da individualização. Como podemos ver, a ascensão da humanidade até se tornar a unidade predominante de sobrevivência também marca um avanço da individualização. Como ser humano, o indivíduo tem direitos que nem mesmo o Estado pode negar-lhe. Estamos somente numa etapa inicial da transição para o estágio de integração mais abrangente e a elaboração do que se pretende dizer com direitos humanos está apenas começando. Mas a liberdade de não usar nem ameaçar o uso da violência talvez tenha recebido, até o momento, uma atenção demasiadamente pequena como um dos direitos que, no correr do tempo – e contrariando as tendências opostas do Estado –, terá que se afirmar a favor do indivíduo, em nome da humanidade (ELIAS, 1994, p. 190).*

Por este trecho do autor, entendemos que há um percurso de individualização crescente na história da humanidade, colocando esta como pensadora do mundo e controladora deste para sua sobrevivência. Esse movimento tem criado também uma integração crescente, uma vez que o mundo se torna

---

16 Marin (2002) traz uma discussão bastante aprofundada sobre o conceito de violência, enfocando inclusive essa inevitável intrusão do um ao outro por ser outro. Mas entendo que a noção de violência aqui é a agressão consciente de um a outro, como a violência aniquiladora que a autora coloca.

cada vez menor, com a globalização e o aumento da tecnologia. Movimentos que geram processos não previstos para os quais a humanidade precisa aprender a responder. Temos direitos e impotências que precisam ser amadurecidos para não desejarmos isolamento e proteção em relação à ameaça que é o outro que não pensa como o eu. Ou seja, se a impotência cresce e a individualização também, é importante pensarmos em como seguir essa integração buscando um sentido winnicottiano para ela, criando suporte aos paradoxos, sem querer evitar o esforço do encontro com a alteridade, sem querer evitar o sofrimento da frustração, sem alimentar a ideia de que o terror é eliminável e o eu ficará seguro, isolado da ameaça que é o outro. Ou esta pode ser nossa busca.

Vivemos este início de século XXI com uma bagagem cultural extremamente diversa, uma exacerbação da violência, conflitos políticos e econômicos intensos, individualismo e competição alimentados pelo modo de vida capitalista. A desconstrução desse distanciamento do outro, desenvolver a noção de dependência, responsabilidade e cuidado com o coletivo são desafios a serem enfrentados a passos lentos, já que todos hoje somos filhos dessa sociedade. Formamo-nos neste momento de necessidade de individualização para sobreviver. O homem criou muito e este é nosso berço – todos querem usufruir dessa criação toda. O cuidado agora é pensar como orquestrar tantas vidas e tanta alteridade sob essa batuta da humanidade. Como conviver no mundo sem dividi-lo entre melhores e piores, fortes e fracos, os com oportunidade e os sem oportunidade. Como usar toda essa criatividade e produção em nome de um coletivo sem voltar para a idade média, sem voltarmos a ser bárbaros ou achar que o holocausto é a saída.

Portanto, não há um ponto a ser alcançado, mas um caminho a ser percorrido. E, para percorrê-lo, parece essencial aprender a respeitar mais o outro e, consequentemente, a nós mesmos, para podermos aprender e pensar em soluções, para nos sentirmos menos impotentes e temerosos de nós mesmos, para nos percebermos como coletivo, como nós, como precários em busca da vida.

Referências

ALTOÉ, S. *Infâncias perdidas:* o cotidiano nos internatos-prisão. Rio de Janeiro: Centro Edelstein de Pesquisas Sociais, 2008.

ALDEIAS Infantis SOS Brasil. *Revista Bem Cuidar,* São Paulo, v. 1, n. 1. set.-out.-nov. 2015.

ARIÈS, P. *A história social da infância e da família.* Rio de Janeiro: LTC, 1981.

BRASIL. Lei Federal nº 12.010, de 03 de agosto de 2009. Dispõe sobre adoção. Brasília, DF, 2009. Disponível em: <http://www.planalto.gov.br/ccivil_03/_ato2007-2010/2009/lei/l12010.htm>. Acesso em: 19 dez. 2016.

_____. Lei Federal nº 8.069, de 13 de julho de 1990. Dispõe sobre o Estatuto da Criança e do Adolescente e dá outras providências. Brasília, DF, 1990.

_____. Ministério da Justiça e Cidadania. *Orientações Técnicas para os Serviços de Acolhimento para Crianças e Adolescentes.* Brasília, DF: Conselho Nacional da Criança e do Adolescente (Conanda) e Conselho Nacional de Assistência Social (Cnas), 2009.

BUTLER, J. *Vida precaria:* el poder del duelo y la violencia. Buenos Aires: Paidós, 2006.

COISSI, J. País tem 30 mil crianças em abrigos fora da fila de adoção. Folha de São Paulo, São Paulo, 23 maio 2015. Disonível em: <http://www1.folha.uol.com.br/cotidiano/2015/05/1632810-pais-tem-30-mil-criancas-em-abrigos-fora-da-fila-de-adocao.shtml>. Acesso em: 26 dez. 2015.

CONPAZ. O diálogo como fonte permanente de aprendizagem. In: CICLO Multiplicadores de Cultura de Paz nas Políticas Públicas. 2007.

DEJOURS, C. Por um novo conceito de saúde. *Revista Brasileira de Saúde Ocupacional,* São Paulo, v. 14, n. 54, p. 7-11, abr.-maio-jun. 1986.

DIAS, E. *A teoria do amadurecimento de D. W. Winnicott.* Rio de Janeiro: Imago, 2003.

ELIAS, N. *Sociedade dos indivíduos.* Rio de Janeiro: Jorge Zahar, 1994.

196 ABRIGO E CIDADANIA

INSTITUTO FAZENDO HISTÓRIA (IFH). *O acolhimento de bebês*: práticas e reflexões compartilhadas. Disponível em: <http://www.fazendohistoria. org.br/saiba_mais/publicacoes.php>. Acesso em: 26 nov. 2015.

MARIN, I. S. K. *Violência*. São Paulo: Escuta; Fapesp, 2002.

_____. *Febem, família e identidade*: o lugar do outro. São Paulo: Escuta, 2010.

MATOS, O. *Sociedade*: tolerância, confiança, amizade. *Revista USP*, n. 37, p. 92-100, mar./maio 1998.

McCOLD, P.; WACHTEL, T. Em busca de um paradigma: uma teoria de justiça restaurativa. International Institute for Restorative Practices. In: CONGRESSO MUNDIAL DE CRIMINOLOGIA, 13., 10-15 ago. 2003, Rio de Janeiro.

MOTTA, M. A. P. *Mães abandonadas*: a entrega de um filho em adoção. São Paulo: Cortez, 2008.

NOGUEIRA, F. (Org.). *Entre o singular e o coletivo*: o acolhimento de bebês em abrigos. São Paulo: Instituto Fazendo História, 2011.

PASSARINI, G. M. R.; FROMER, L.; FERREIRA, M. B. Projeto correspondentes: desafios para a desconstrução do assistencialismo social. In: DAFFRE, S. G. *A realidade dos abrigos*: descaso ou prioridade? São Paulo: Zagodoni, 2012.

SANTOS, K. Vinculação no trabalho do educador social. Disponível em: <http://creasdpsesacis.blogspot.com.br/2010/10/vinculacao-no-trabalho--do-educador.html>. Acesso em: 26 nov. 2015.

WINNICOTT, D. W. *O brincar e a realidade*. Direção-geral de tradução de Jayme Salomão. Rio de Janeiro: Imago, 1975a.

_____. *A criança e seu mundo*. Tradução de Álvaro Cabral. Rio de Janeiro: Zahar, 1975b.

_____. *Processus de maturation chez l'enfant*: developpement affectif et environnement. Paris: PBP, 1978.

_____. *A família e o desenvolvimento do indivíduo*. Tradução de Jane Corrêa. Belo Horizonte: Interlivros, 1980.

_____. A capacidade de estar só. In: _____. *O ambiente e os processos maturacionais*. Tradução de Irineo Constantino S. Ortiz. Porto Alegre: Artes Médicas, 1982. p. 21-28.

_____. *Natureza humana*. Tradução de Davi Litman Bogomoletz. Rio de Janeiro: Imago, 1990.

_____. O medo do colapso (Breakdown). In: WINNICOTT, C.; SHEPHERD, R.; DAVIS, M. *Explorações psicanalíticas*: D. W. Winnicott. Tradução de José Octávio de Aguiar Abreu. Porto Alegre: Artes Médicas, 1994. p. 70-76.

_____. O brincar e a cultura. In: WINNICOTT, C.; SHEPHERD, R.; DAVIS, M. *Explorações psicanalíticas*: D. W. Winnicott. Tradução de José Octávio de Aguiar Abreu. Porto Alegre: Artes Médicas, 1994. p. 160-162.

_____. *Da pediatria à psicanálise*. Rio de Janeiro: Imago, 2000.

_____. *Privação e delinquência*. São Paulo: Martins Fontes, 2002.

_____. *Tudo começa em casa*. Tradução de Paulo Sandler. São Paulo: Martins Fontes, 2005.

GRÁFICA PAYM
Tel. [11] 4392-3344
paym@graficapaym.com.br